从管教到自律

如何培养孩子自驱力

曹坤 著

苏州新闻出版集团
古吴轩出版社

图书在版编目（CIP）数据

从管教到自律：如何培养孩子自驱力 / 曹坤著. -- 苏州：古吴轩出版社，2024.4
ISBN 978-7-5546-2083-0

Ⅰ.①从… Ⅱ.①曹… Ⅲ.①幼儿教育 - 研究 Ⅳ.①G61

中国国家版本馆CIP数据核字(2023)第025944号

责任编辑：顾　熙
封面设计：仙境工作室

书　　名：从管教到自律：如何培养孩子自驱力
著　　者：曹　坤
出版发行：苏州新闻出版集团
　　　　　古吴轩出版社
　　　　　地址：苏州市八达街118号苏州新闻大厦30F
　　　　　电话：0512-65233679　　邮编：215123
出 版 人：王乐飞
印　　刷：天津旭非印刷有限公司
开　　本：880mm×1230mm　1/32
印　　张：6.5
字　　数：136千字
版　　次：2024年4月第1版
印　　次：2024年4月第1次印刷
书　　号：ISBN 978-7-5546-2083-0
定　　价：52.80元

如有印装质量问题，请与印刷厂联系。022-69485800

序言

生命的成就不是由时间的长短决定的,而是由时间的密度、厚度和质量决定的。

唯有时间,对每个人绝对公平;如何利用时间,决定了人生的宽度与高度。拥有强烈自我价值感的人,更倾向于自律、高效地利用时间,在整个生命旅程中不断提升自我,从而收获人生价值和真正的幸福。

回首我38年的生活,正是因为在小时候,家庭塑造了我的自我价值感,使我形成了强大的自驱力,我才能够坚定、坚持、坚守自己的信念,直至今日取得一些成就。我把自我价值感比作我的"定海神针",这是我生命的"护城河",是坚持自律的核心动力。所有生命的持续坚守、不断创造,人世间大多数美好的品格品德的形成,伟大功绩的实现,都与这根"定海神针"有关!

自我价值感越强的生命,面对挫折与困难时自暴自弃、懒散无度的可能性就越低,向上、向善的自驱力就越强,因此更容易获得好的结果;从好结果中收获自信与幸福感,产生更强的自我价值感，从而进一步自律——良性循环就这样开启了。

不要一味地教育孩子追求幸福，而是要培养他们追求幸福的能力，这是家庭教育能做到的最伟大的事。本书的核心立意就是从自我价值着手，培养孩子成为有自我认知、充满自信，从而能够持续自律的人。

纵观市场，有关家庭教育和培养自驱力的图书已经很多。若用一句话概括本书的价值与特点，我总结为"体系化的实战派育儿宝典"。

体系化是指点、线、面相结合，从生理特点到理论基础再到方法工具，逐层递进的写作方法——把握孩子成长的关键时间点，贯穿其整个成长线，多维度全面培养。

教育不是一蹴而就的事情，而是一个漫长的过程。本书开篇介绍儿童大脑发育规律，教家长了解、把握培养孩子良好习惯的关键时间点；本书适用于0岁到12岁的孩子，帮助家长根据不同年龄段的特点，有阶段性、针对性地设置培养目标；本书的核心概念——自驱力——不可能孤立存在，它是一种基于自我价值感产生的，在习惯、方法、能力相互作用下呈现的综合素质，且依赖家长创造有利的外部环境，培养方法也必定是涵盖全方面的。

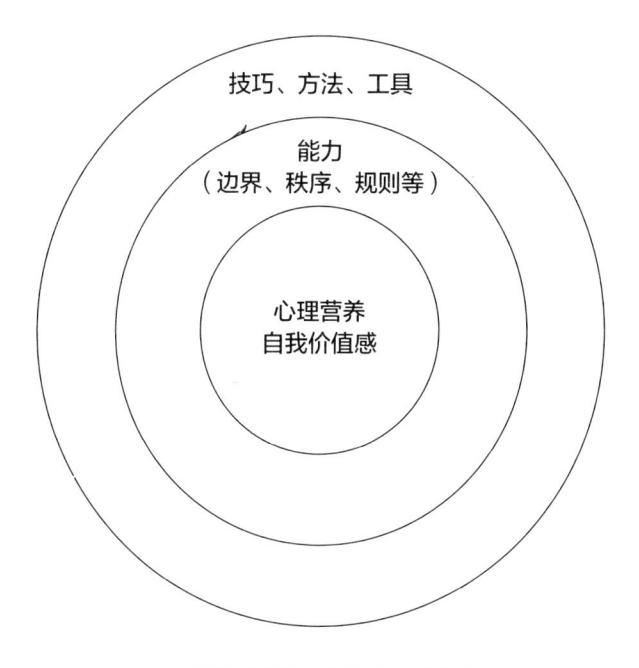

```
       技巧、方法、工具

          能力
     （边界、秩序、规则等）


        心理营养
        自我价值感
```

一幅图看懂本书的基本逻辑

本书的层次结构是"由内向外"：最内圈是心理营养、自我价值感——这是自我管理的原动力；有了原动力，才能孕育出中环的边界、秩序、规则等多种能力；具备能力，才能使用各种技巧、方法和工具。

本书的另一个特点是实战性。

通过我十五年的行为学、心理学的持续学习，以及 8 年青少年训练营的实践经验，关于家庭教育，我终于有了不一样的感悟：家庭教育、培养自驱力的方法和工具，是看得见、看得懂、学得会、用得上的。空泛的概念必须落实到孩子每次吃饭、收拾书包这些琐碎的生活细节上。书中列举了大量案例，都是我从多年实践中遴选出的最普遍、家长最关注的问题；书中介绍的管理工具也秉持操作简单化、结果可视化、过程趣味化、适用范围普遍化的原则，家长一看就懂，一学就会，降低了学习成本，也减小了孩子执行的阻力。

最后，在展开正文之前，我还要给各位家长一个阅读提示：假如您希望用书中的理论方法培养出"别人家的孩子"，那么还是赶快合上书为好——本书无此意愿，也没有能力做到。如果基本方向就是错的，那么方法、工具越有效，越是南辕北辙。往往最亲近的人才更容易忽视孩子的优点，放大缺点，这原本也算是人之常情。但是，形成自我价值和自驱力的前提就是将焦点从对比转移到孩子的自我上来，让孩子认识自己、成为自己，最终认可、接受自己，这是本书的阅读方法与基本目标。

目录

第一章 了解大脑发育规律，在关键期养成良好习惯

第一节 了解儿童时间敏感期，培养主动意识　　002

第二节 0—3岁，感受规则，写好人生基础代码　　010

第三节 3—6岁，行为习惯强化期，体验追求的幸福感　　019

第四节 7—10岁，让孩子自己做决定并承担责任　　028

第五节 10岁以后，高质量陪伴补充心理营养　　035

第二章 诞生自驱力的土壤：敢于放手的父母

第一节 多支持少控制，让孩子学会自我管理　　044

第二节 在平等的基础上交流，允许孩子不听话　　049

第三节 平衡爱好和学业，尊重孩子的兴趣　　054

第四节 放手不放眼，不打断孩子玩耍　　059

第三章　自驱力的形成：有选择的孩子更主动

  第一节　保持界限感，允许孩子表达自我　　066

  第二节　家长言传身教，告别依赖与拖延　　077

  第三节　下达指令有原则，言必信，行必果　　084

  第四节　巧用"登门槛效应"，阶梯式增加难度　　091

  第五节　给孩子适当的选择权，让他成为生活的小主人　　096

第四章　培养自驱力有方法：寓教于乐

  第一节　游戏化教育，寓教于乐改变行为模式　　104

  第二节　"四级提问法"：用启发代替说教　　110

  第三节　提高效率，发挥自控力与专注力　　115

  第四节　"黄金五步赞美法"：在鼓励中巩固好习惯　　120

  第五节　仪式感的魔力：自我暗示和制定目标　　126

第五章　时间管理工具：助孩子驯服"时间小怪兽"

  第一节　"整理四分法"：有序的环境是时间管理的基础　　130

  第二节　制作专属时钟：培养守时美德　　134

  第三节　时间饼、沙漏、时间轴：感受和记录时间　　139

  第四节　事项分类管理，赶走"时间小偷"　　144

  第五节　番茄钟和任务推进表：完成作业有条理　　150

第六节　日常惯例表：解决拖拉习惯成自然　　　　　155

第六章　对那些让父母心碎又挠头的问题的解答
第一节　孩子对时间表不感兴趣怎么办?　　　　172
第二节　孩子不执行时间表怎么办?　　　　　　175
第三节　孩子执行时间表时，有速度没质量怎么办?　179
第四节　孩子再怎么努力，都完不成时间表怎么办?　182
第五节　孩子执行时间表，但学习效果不好怎么办?　187
第六节　孩子总忘记时间表怎么办?　　　　　　191

第一章

了解大脑发育规律，在关键期养成良好习惯

第一节 了解儿童时间敏感期，培养主动意识

不管是在自己的成长过程中，还是在孩子的成长过程中，你可能都曾经听过这样一句老话："三岁看大，七岁看老。"意思是，孩子在三岁时，可以看出他以后的性格、爱好、心理等；孩子到了七岁，就可以预判出他一生的命运轨迹了。

在各种育儿知识和理念都没有普及的过去，我们的祖辈正是凭借着这些朴素的经验，点明了在幼儿时期对孩子进行教育和引导的必要性。

那么，这些话的科学性到底有几分？对于孩子来说，是否存在这样一个明确的定型时期？作为父母，我们又该如何抓住这一黄金时期，对孩子进行正确的引导呢？

首先，在孩子成长的过程中，确实存在一个较早的定型年龄，也是孩子能力提高与习惯养成的关键时期。

脑科学和生命科学的最新研究表明：儿童的脑细胞组织到 3 岁时，就已经发育完成了 60%。

从大脑的发育过程来看，新生儿的大脑重约 390 克，3 岁达

到1150克左右，6岁可以达到1280克，10岁达到1360克，而成人的大脑约重1400克。可以说，孩子的大脑在10岁以后就"定型"了。因此，3岁、7岁、10岁不但是孩子脑部发展的转折点，更是强化潜能的黄金期。

以下可能是很多父母都曾经历过的场景：

场景1：

豆豆3岁了，要自己拿东西，妈妈觉得东西有点重，想要帮他一下，结果豆豆就哭了；他要自己开门，妈妈帮他开，他也哭；他要选自己喜欢的衣服，妈妈给他选了，他还是哭。妈妈很困惑，这是怎么回事呢？

其实，对于孩子来说，7岁前这一阶段，是他自我中心完善的关键期。他要弄清楚"我是谁""我有什么能力""我在别人眼中的样子"等问题，他的种种行为，就是他形成自我、追求独立的表现。

场景2：

老师问一二年级的孩子们："老师说的对吗？"

孩子们："对！"

老师又问："对吗？"

孩子们异口同声："不对。"

7岁到10岁这一时期,是孩子道德发展的关键期,此时他们对大人有种天然的崇拜,他们的回答会受大人影响。

等到10岁以后,面对同样的问题,孩子的回答就会理智很多,很难有异口同声的回答,更多是各抒己见。因为他们逐渐形成了自我道德发展意识,不再盲目听从他人,而是有了自己的一些思考和判断。

如今,**越来越多的父母开始将培养孩子的良好习惯当作早期家庭教育的关键任务**。这确实是一个非常聪明、高效的做法。很多父母之所以会抱怨孩子越来越难管,正是因为他们错过了孩子养成良好习惯、学会时间管理、培养能力的关键期。

毕竟,人的成长是一个不可逆的过程,一旦错过,可能要花费几倍,甚至几十倍的精力才能勉强补回。

与其等到无法挽回的时候,再去诉说育儿的艰难,不如先了解孩子在不同成长阶段的生理特点和教育重点。**只要掌握方法,在关键期帮孩子养成影响一生的好习惯,教育也可以变得非常轻松、简单。**

第一阶段:0—3岁,发展本能。

这段时期养成好习惯的关键在于培养大脑功能的基础——本能。

处在这一年龄阶段的孩子,通常都会变成让父母头疼不已的好奇宝宝或好动宝宝,因为他们的感知觉发育迅猛,对于所有外在的新鲜、未知事物，都会产生一种好奇心理，喜欢到处去探索，也慢慢学会了冒险。

- 有的孩子会好奇地问："为什么？""这是什么？"
- 有的孩子好动：这里碰碰，那里看看，到处翻一翻。
- 有的孩子情绪不稳定：不如意就哭闹，用坏情绪要挟成人。

据研究表明，3岁之前，儿童脑部会陆续出现生存、求知和找同伴的本能。这些本能反映在他们的日常行为上，就会表现出以下特征：喜欢竞争，喜欢模仿，想要自己去完成一些事，想成为身边人的同伴，等等。

由于这一阶段又被称为"感知运动阶段"，它形成的更多是感受记忆和动作记忆。因此，**父母可以在孩子内在感受好的基础上逐步培养好习惯，通过夸奖和良性沟通，给予孩子充足的安全感和自我价值感，从而与孩子建立起稳定的依恋关系，而不用过度追求成果。**

比如独立上厕所，整理自己的小玩具，时间作息有规律，逐步自己吃饭，等等，对一个内在感受良好的孩子来讲都是很容易做到的。

如果孩子对你的要求毫无反应或表示抗拒，比如，让他把玩具收好，他却无动于衷，你可以将命令换成建议："我们来比赛，看谁先把玩具收拾整齐好不好？"从而激发孩子的竞争特性，养成爱收拾的好习惯。

第二阶段：3—7岁，改掉坏习惯。

明明什么都会，但就是不愿去做。
做事拖拖拉拉，注意力不集中。
有事情不会马上去做，总喜欢说"等一下""待会儿再做"。
……

当孩子患上了"拖延症"，父母经常会被逼到崩溃的边缘。如何让孩子戒掉这一坏习惯呢？

首先，当孩子开始有拖延的行为时，不要先去斥责，而是先想一想：为什么他不想马上去做呢？原因可能有以下两种：

1.这件事情很难或孩子不喜欢，所以不想去做。

孩子本性是趋利避害的，是追求愉悦的，而行为需要有价值感才会延续，延续了才能养成习惯。如果大脑没有启动自我酬偿系统，不能从"主动做事"的行为中获得愉悦，孩子自然不愿意发挥自己的主动性和创造性，去思考和解决问题。

这个时候，为了刺激孩子的大脑启动自我酬偿系统，父母可以通过观察孩子的喜好，用一些他们感兴趣的事情，对其进行正确的引导。比如，当孩子不愿意整理房间，非要等一会儿时，你可以这样说："如果你现在开始收拾房间，我就带你去新开的游乐场，一会儿再做就没有奖励了，你可以自己做选择。"或者，你还可以通过比赛的方式，与孩子一起整理房间，消除孩子对这件事的畏难情绪，从而改掉偷懒的坏习惯。

2.因为有其他想做的事，所以不愿意立刻去做。

比如，孩子正在看电视，如果你让他去刷牙，很可能会得到一句"待会儿再去"。这个时候，粗暴的命令反而会激起孩子的逆反心理，让他觉得自己的需求不被尊重。因此，你可以换一种建议方式："如果你现在刷牙，我一会儿可以陪你一起看电视；如果你一会儿再刷，我们都去睡觉了，你就要一个人孤零零地在卫生间刷牙。你喜欢哪一种呢？"

通过这种方式，孩子可以在分析得失后，自己主动做出选择，促进大脑自我酬偿系统的启动，打好脑神经传导回路网的基础。

在3岁到7岁这一阶段，我们的教育重点并不是让孩子学会多少知识与技巧，而是要适度地对其大脑进行"修剪"，改掉坏习惯，才能培养孩子行为独立、做事负责、遵守规则、沟通合作等好习惯。

第三阶段：7—10岁，养成主动的好习惯。

这一年龄段的孩子一般都开始走进校园，进入正式的学习阶段。这种身份上的转变，也让很多习惯"散养"的父母开始紧张起来。

"还不去念书""写得这么慢""慢慢吞吞、磨磨蹭蹭的""总是不听话""还在看动画片"……

这些话是不是很熟悉呢?

虽然父母"望子成龙,望女成凤"的心态可以理解,但从锻炼大脑潜能的角度来说,这些话不仅不会对孩子起到督促作用,反而会对孩子产生一种负面暗示。

这个时期,儿童的大脑接受父母的指示、命令越多,表现越差;如果这些指令还是父母的负面暗示、否定、指责和抱怨,其表现就会更差。

我在家庭教育课上讲过这样的话:对你的人生真正负责任的,是你自己。学会选择是一个人自信、自律的关键标志。一个人往往愿意为自己的选择负责,而不是为别人的指示负责。

因此,如果你真的想培养孩子的思考能力和选择能力,不妨试试将"你必须这么做"的命令改成"你想要怎么做"的选择题,让孩子自己做决定。

比如,如果孩子不擅长数学,与其说一万句"你要好好学习数学""数学非常重要",不如先向孩子抛出问题,再让他自己去探索答案。你可以这样说:"妈妈小时候也很不喜欢数学,后来我坚持做题,有不会的就去问,很快就发现了数学的乐趣。那么,你有什么办法能培养对数学的兴趣吗?"

你可以通过提出可行性方案,让孩子自己做出选择,也可以让孩子思考解决的方法,最重要的是,学会把答案留给孩子,并及时给予孩子称赞与鼓励,从而让孩子养成自主思考、学习的好习惯。

人们常说，一流父母做孩子的榜样，二流父母做孩子的教练，三流父母做孩子的保姆。

如今，很多父母为了孩子的未来不遗余力，拼尽全力为孩子提供最好的教育资源。其实，父母也可以成为孩子最好的老师。

孩子成长初期的这三个关键阶段，也是父母与孩子相处时间最多的时期，在这个过程中，孩子在刻意找寻学习的榜样，而父母作为孩子最亲近的学习对象，尤其应起到榜样作用，通过言传身教，让孩子学习如何利用好时间，如何与自己相处，如何与情绪相处……这种潜移默化的影响是其他人无法替代的，也是父母教育的根本所在。

第二节 0—3岁,感受规则,写好人生基础代码

提起育儿这件事,很多父母给我的第一反馈不是幸福、开心,而是焦虑和不安。

从孩子呱呱坠地的那一刻起,他的一切便交给你来塑造,一着不慎,便可能让孩子错过发展的黄金时期。

事实也确实如此。从孩子出生到3岁,大脑的信息传递通道迅速发育,此时的他们犹如一张白纸,开始构建有关这个世界的初始模型。通过视、听、触觉等感官刺激,孩子的各种能力会渐渐发展,刺激得越多,发展得也越快。

这种大脑的快速发展,只存在于出生后的几年内,尤其在0岁到3岁之间,更具有超强的吸收能力。大脑生理学家的研究报告指出:儿童的智力(注意,不是知识)和性格,从出生到3岁,就已经完成了60%(前3年每年成长约20%)。

可以说,这一阶段是孩子一生中最容易受外界影响的阶段,也是一个人自身发展的奠基时期,更是影响孩子一生的思维方式和行为方式的关键期。

这段话，可能会让很多父母更加焦虑——一步慢，步步慢，得赶紧给孩子报个早教班开发潜能！

然而，0—3岁的孩子是否适合上早教，需要综合多方面考虑，比如孩子的年龄特点、心理发育特点、智力发育水平等。处于幼龄期的孩子，由于其自控能力弱、行动能力差、认知不足等特点，即使上早教班，也需要父母贴身陪伴。所以，判断自己的孩子适不适合早教班，不仅要看父母的实际情况，还要看孩子的自身条件。

心理学家塞德兹曾说过：人如陶瓷，小时候会形成一生的雏形。

在这个世界上，从来没有天生自律的孩子。对于0—3岁的宝宝来说，此时最需要培养的能力是什么呢？

我们先来看一个现象：很多父母表示，自己的孩子情绪不稳定，容易哭闹、烦躁，会乱摔东西，不专注，没耐心……可以想象，这样的孩子在几年之后也不会突然收束自己的行为，变成一个强大自我管理能力的孩子。因为他们本能性的生理节律是紊乱的，更别提养成时间管理的好习惯了。

那么如何帮助孩子养成良好的习惯，形成一种自发的行为呢？

首先，对于孩子来说，需要无条件的接纳、安全感等来满足原始的生理本能。

婴儿时期，特别是1岁前的宝宝，更多是靠感官和原始本能来生活的。突然的声音、光亮，都会对这个刚刚来到人世间，还没有充分适应环境的宝宝造成干扰或者惊吓，周围人情绪的不稳定也是个不利的干扰因素。

对于婴儿来说，外显的情绪是对世界的认识和反映：

我饿了、渴了，就需要马上有甘甜的乳汁；我冷了，就要有人帮我盖被子；我需要陪伴了，就要有人带着爱意关注我；我恐惧了，就要有温暖的怀抱拥住我。

很美，很舒心。**完全的接纳与无条件的爱，就是我们内心原始能量的基础代码。**

宝宝在这一阶段的心理需求，就是无条件的接纳和安全感。

得到这些心理满足，他们才能保持稳定的情绪状态，规律性和秩序性的形成才会更加容易，如睡眠、吃饭、排便、情感交流互动等很多本能性习惯都会很好养成。

如果孩子的这些原始心理需求得不到满足，再加上语言能力不足，无法正确表达，就会通过别的方式表现出来，出现前文提到的情绪不稳定、暴躁易怒等情绪问题，自驱力更是无从谈起。

其次，对于父母来说，孩子的本能性习惯养成，可以分为两个方面：一个是生理的，一个是心理的，都同样需要尊重规律并有耐心地养成。

要想让孩子养成好习惯，最重要的是心理层面：在孩子出生后，给孩子无条件的接纳，给孩子足够的安全感。

在生活中，有很多父母表示：小宝宝除了吃、睡、排便、跟我大眼瞪小眼，还能干什么？实则不然，婴儿大脑的活跃度是成人的 2 倍。如何更好地利用这么一个宝贵的机会呢？

方法一：提供适宜的环境。

此时适宜的环境就是"以孩子为中心"。这么小的孩子是不会被宠坏的，在父母能力范畴允许的情况下，他的任何需求都应该得到及时的回应，父母应留意他的情绪变化，随时让他感觉到自己是被接纳的、被爱的。

方法二：清醒的时候多互动。

当宝宝清醒的时候，可以给他抚触，给他读书，给他放音乐，跟他聊天，学着做一个"自说自话"的话唠父母：

"宝宝，要换尿布喽！"

"宝宝，吃奶好不好？"

"哈哈，爸爸在给你洗尿布，他是不是好勤快呀？"

"睡觉啦，要唱摇篮曲啦！睡吧，睡吧，我亲爱的宝贝……"

这个时期的孩子不会嫌你烦，可以尽量保持唠叨模式，从而更好地刺激孩子的大脑，形成有益的神经元连接。

方法三：准备一些黑白卡。

大脑的发育与视觉的发育密不可分。

给宝宝看对比强烈的黑白卡，这种强烈的视觉刺激有助于宝宝大脑中更多的脑细胞间形成连接，脑细胞连接得越多，宝宝大脑的发育就会越好。

方法四：让宝宝了解因果。

半岁之后，宝宝开始感受这个世界，探索他的所作所为会对世界有什么影响。

当他敲击玩具钢琴时，钢琴会发出声音；当他捏住布偶时，布偶会发生形变。这种与周围物体产生的互动，可以让宝宝意识到他的行为不是孤立的，世界会给他反馈。这有助于培养宝宝的自我意识。

因此，你在和孩子做任何事情前，可以给他个提示，比如吃饭前要欢快愉悦地说"开饭啦，奶水香奶水甜，奶水滋养我的小甜甜"，洗澡的时候说"洗澡啦，洗澡水哗哗哗，洗我可爱的乖娃娃"，等等。这些提示会结合孩子的本能需要，建立起一种信号连接，从而促进孩子本能性习惯的培养。

方法五：完整性体验。

教育这个阶段的孩子的整体核心理念是：不曾经历不成经验，注重体验。有了体验，才有感悟，才有经验，才有智慧。

那些未完成的事，从来不会消失，他们总是会影响后来的生活。假如生活中常常体验不到完整性，人就会变得焦躁、挫败、不安，被干扰过多的孩子小的时候最明显的特征就是注意力不集中，做事虎头蛇尾。

因此，当孩子学会走路后，就要支持他去冒险，适当地给予其一个宽松的环境，在保障安全的前提下，做到"放手不放眼"。

如果此时得到父母的支持和照顾，孩子就会获得实际安全感和心理安全感。

场景 1：孩子自己摔倒了要不要扶？

宝宝开始学习走路时，父母要学会逐步放手，循序渐进，会让孩子更有安全感和信心。

当宝宝自己冒险时跌倒，如果不太严重，可以鼓励孩子自己爬起来，提升他的信心；如果摔得有些严重，父母要第一时间去抱着他，安抚他的情绪，然后再引导他该怎么做。

场景 2：如何避免孩子烫伤？

有机会让孩子感受有一定温度的水，很热但不至于烫伤的水温（大概 40 摄氏度）即可。他冒险去尝试了，这时候父母可以问问孩子的感受，逐步引导孩子了解以后不想被烫伤该怎么办。

场景 3：日常用电容易电伤孩子怎么办？

如今，每个人家里都有各种电器和插头、插座，孩子受好奇心驱使，总会拿东西甚至是用自己的小指头往小孔里插，确实十分危险。

其实，说了千百次不如直接让孩子试一次。通过触电模拟体验装置，可以让孩子在安全范围内感受到触电的感觉。

虽然孩子在这一年龄段很少有逻辑记忆，但他们的感受记忆却非常强烈、深刻，这也是规避风险的一种教育方法。

毕竟，人逃离痛苦时所具备的学习能力比追求快乐时的要高3倍。有了体验就有感受，有了感受就有记忆，从而形成安全意识。这样，既满足了孩子的探索欲望，又使他们学会了避开危险，让孩子在将来勇于尝试，敢于冒险。

方法六：心理断奶期。

2岁左右的孩子，会出现人生第一次叛逆，开始想要做自己，想独立，但却没有能力彻底与父母分离。这时候，孩子对父母的要求就会特别矛盾。

因为自己没有独立能力，他需要随时有人看着他、保护他，并要对他的行为有所反应；但如果你真的去帮他，他又不同意，因为他渴望独立。这两种截然相反的心态，会导致孩子特别情绪化，让大人非常头疼。因此，这一阶段也被称为"可怕的2岁"。

2岁左右也是建立边界和规则的关键时期。孩子如果自己做出选择，就要让他为自己的决定负责。

比如，如果孩子不想吃饭，可以先跟孩子说清楚这样做的后果，同时全家统一态度，不管孩子如何饿或者哭闹，都要温柔而坚定地回应孩子："这是你自己的选择，我们尊重你的选择，你也要为自己的选择负责。现在你饿了，我能理解，但也要忍一忍，下顿饭你再选择好好用餐，我们吃饭也是有时间安排和餐桌礼仪的，妈妈相信你能吃得香香饱饱，做得越来越好。"

在这段逆反时期中，父母要拿出温柔而坚定的态度——可以放手的，让孩子大胆去探索；如果有危险，也要做到及时说"不"，明确地告诉他：不能，因为这件事情危险。

在这个过程中，不要因为心疼孩子，就放弃自己当时的决定。温柔的坚持，会让孩子感受到你的力量和决心。

2—3岁这一阶段，是孩子自我意识建立的关键时期。这个阶段的孩子要形成这种认识：我有时看不到妈妈在，但我知道妈妈的爱在；因为已经得到过无数次验证，这种爱的联结已经形成了一种本能性习惯。

孩子如果在3岁前拥有过被充分接纳的体验，就会有足够的安全感，懂得该与父母分开时就分开，为自己的行为负责任，有稳定的自我形象和心理营养。这样的孩子就能很快适应新环境，规则意识好，社会化速度更快。

另外，可能有些父母在接触到这部分内容的时候，孩子已经不止3岁了。错过了这一关键发展期，会不会对孩子以后的身心发展造成很大影响呢？

不要担心，这并不是绝对的，只要我们能够给予孩子充分的爱与自由，在他们成长的过程中，很多错过的敏感期是会有机会重现的。对于父母来说，仍然有机会在以后的生活中补上这一课。只不过，这一过程需要父母拿出更多的爱，更多的包容心和忍耐力。

比如：一个两三岁的孩子在地上满地打滚，父母可能会耐心教导，然而，当一个七八岁的孩子满地打滚时，等待他的可能就是父母的大声斥责。

殊不知，当孩子出现这种行为时，不管他的年龄多大，对于父母来说，都是深入孩子敏感心灵的一个机会，一个可以弥补早期教育的缺失的机会。父母可以给予孩子正确的回应，与孩子建立起新的联结，从而使孩子拥有足够的安全感，去重新认识并信任这个世界，更加安心地投入到日常活动中去，拥有更加强大的自驱力。

有人说，教育是一个"静待花开"的过程，无数次浇水施肥、枝叶修剪后，花朵才能在某一个时刻惊喜绽放。这不是一件特别深奥、困难的事情，而是由无数细节组成的。

对于父母来说，重要的不是你学会了多少知识，而是你对育儿的态度、对育儿这件事情的投入程度，需要你在具备科学育儿知识的基础上，无数次去重复，在实践中积累经验，未来才能在某一天带给你丰厚的回报。

> **教育箴言**：世界向前发展，物质越丰富，诱惑会越多。手指指向外界，是抱怨、索取、逃避、排斥；手指指向自身，是觉醒、觉察、觉悟、自律、成长和蜕变。

第三节 3—6岁，行为习惯强化期，体验追求的幸福感

研究指出，3—6岁是对孩子性格、行为习惯培养的最关键的时期。可以说，一个人85%—90%的性格、想法和行为方式，都是在这个阶段形成的。因此，人们将孩子的这一成长阶段称为"潮湿的水泥期"。

就像水泥在未干的时候，你可以随意在上面留下印记、改变其形状一样，处在这一年龄阶段的孩子，其性格、习惯和生活方式，也是最容易被塑造的。这个时期，是养成好习惯的关键期，同时，一旦形成不好的习惯，也会很难改掉。

因为习惯是需要足够的练习次数和时间才能形成的，一旦形成稳定的神经元连接，到了"正凝固的水泥期"，也就是7—12岁，改变的难度就会增加很多。

为什么会出现这样明显的差别呢？这还要从大脑的发展规律说起。

新生儿　　　　6 岁　　　　14 岁

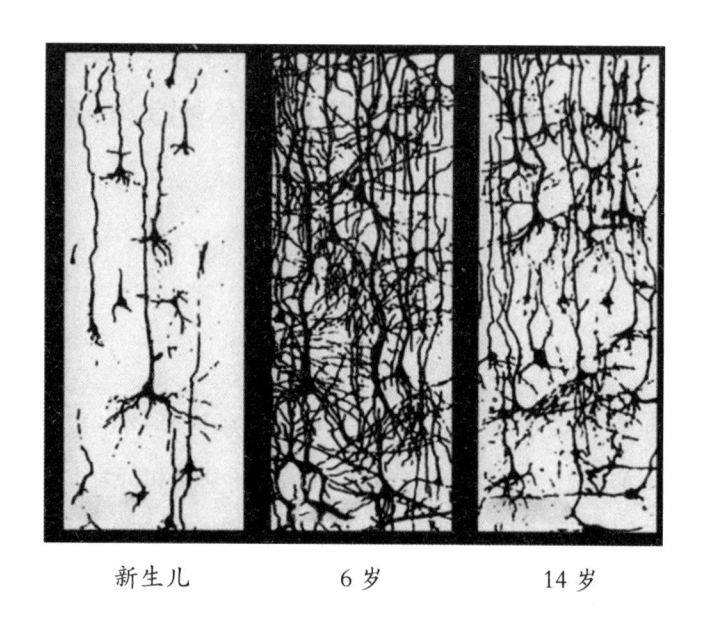

通过上图，我们不难发现：6 岁孩子的神经元连接最为密集，而随着年龄增长，后面又变得相对稀疏了。究其原因，正是大脑根据"用进废退"的发展原则，将那些不经常用到的，或者强化不够的外在刺激，从 6 岁开始自动修剪掉了。*

为了让大家更加清晰地理解这个修剪的过程，我想让大家试着回忆一下：你脑海中最早的记忆发生在几岁？5 岁以前的事情，你还能清楚地记得吗？

一般来说，人们会在四五岁时，开始拥有比较清晰、连贯的记忆，而在这之前，由于孩子的逻辑思维混乱，记忆线索更多是

---

* 图片和结论来自哈佛儿童发展研究中心。

感受记忆和动作记忆。5岁以后，孩子可以从记忆中提取出事件中的关联性线索，并能有一定逻辑性的语言表达，才开始有清晰的逻辑记忆。这也是神经元连接修剪至稀疏的一个原因。

因此，在这一时期，父母要有方向性地培养孩子的好习惯，通过良好的习惯，才能培养、塑造出孩子的好品格，从而为孩子构建起人生持续向前、向上的扎实地基。

然而，理想是丰满的，现实却往往不尽如人意。有不少父母沮丧地表示，自己已经非常努力地去帮助孩子养成良好的习惯，但说也说了，骂也骂了，却始终收效甚微。有没有好的解决方法呢？

不要着急，我们先以让很多父母头疼的"孩子吃饭问题"为例：如何培养孩子良好的吃饭习惯呢？

我们先来看一个场景：

吃饭的时候，长辈总是给孩子夹菜：

爷爷："孙子，吃个鸡腿，这个好吃、有营养。"

奶奶："吃个鸡蛋，补充蛋白质，你会更聪明。"

爸爸："多吃点青菜，维生素丰富，让你营养更均衡。"

妈妈："喝碗我煲的汤，这个更有营养。"

如果孩子不吃，长辈就追着喂，求着孩子吃。然而，越是这样，孩子的饮食越没规律，还经常出现任性地吃零食，不给就哭闹等现象。

俗话说："民以食为天。"饮食是人类最原始，也是最基本的生理需求。每个孩子从呱呱坠地起，就会自动产生进食的本能需求，怎么长大以后反而忽视了这一能力，甚至不肯独立进食呢？究其原因，不在于孩子本身，而是父母没有让孩子养成良好的吃饭习惯。

我们再来看另一个场景：

父亲（母亲）："吃晚饭了！"

孩子无动于衷。

父亲（母亲）："快点，大家都坐好了，开始吃饭了，你要快点坐过来哦。"

孩子："不好吃，我不想吃。"

父亲（母亲）："你都没吃怎么知道不好吃呢？是不饿吗？"

孩子："是的。"

父亲（母亲）："好的，那我尊重你的选择，但是你也要为自己的选择负责。咱们家今天晚饭时间就是半个小时，结束后就没有吃的了，你如果饿了，也要等明早才有早饭。我说清楚了吗？"

孩子："嗯。"

父亲（母亲）："那好，我们吃饭，你可以做你自己喜欢的事情。"

如果孩子想玩，也要引导孩子在某段时间内进行。

如果孩子因为在吃饭时间没吃饭，导致后来很饿，哭着闹着要吃的，父母要坚持原则，守好底线，温柔而坚定地回应："之前你选择不吃饭，我尊重你的选择。我知道现在你很饿，但这是你的选择。"

同时，父母也要能够理解并接纳孩子的情绪，可以抱抱孩子安慰一下："饿了很难受是吗？妈妈以前也有过选择不吃饭，结果很饿的时候。后来我就知道了，饭还是要及时吃的，不好好吃或不想吃，可以少吃一点，不吃的话就要忍受后来的饥饿。我们要对自己的选择负责任，自己的人生也是要自己负责的。妈妈理解你，但你要忍一忍，明早就有吃的了。"

在这个过程中，家庭成员一定要达成一致意见，内部协调沟通到位。家庭内部观念统一，是守住底线的重要一环。同时，切忌挖苦、讽刺、说风凉话，否则很容易伤害孩子的自尊心，让孩子产生逆反心理。

等第二天早上开饭的时候，也建议父母不要翻旧账，如果孩子想讨论可以引导一下，告诉他选择与责任的关系，同时，鼓励孩子做出更好的选择。

相反，如果出现吃东西时孩子等不及，不给就哭闹的现象怎么办？

教育学家卢梭在《爱弥儿》中说："你知道用什么办法使你的孩子得到痛苦吗？那就是百依百顺。"无限溺爱、有求必应，对孩子有百害而无一利。**让孩子学会等待与延迟满足，是获得幸**

福的基础。

遇到这种情况，建议借此机会培养孩子延迟满足的能力。所谓延迟满足，是指个体为了更有价值的长远结果而放弃即时满足的抉择倾向，以及在等待中表现出的自控能力。

研究发现，**有过延迟满足训练，善于调控自己情绪和行为的孩子，可以拥有更高的心理健康水平和更多的成功机会。**

父母可以举一反三，结合实际情况设定不同的训练场景。

方法一：让孩子学会等一等。

如果孩子特别喜欢吃某种东西，比如晚上想吃棉花糖，你可以尝试跟孩子这样沟通："如果今天你不吃，明天就可以多奖励你一个；但今天吃了，明天就没有了。"

孩子如果选择今天吃，那么明天就真的没有多的棉花糖（要切实做到），让孩子感觉到自己的等待是值得的，多一些的好处是值得让自己暂时忍耐一下的。

在这个过程中，父母还要注意一点：延迟满足是为了培养孩子的习惯和能力，让他学会在合适的时间做合适的事情，然后在期待中获得内心的愉悦和满足，而不是为了敷衍，或者让孩子为了等待而等待。否则，长此以往，也会让孩子对父母产生不信任感，甚至学会与父母讨价还价，那就与我们的初衷背道而驰了。

方法二：让孩子与诱惑、奖赏保持距离。

不管是对于孩子还是成人，培养延迟满足的重要策略之一都是与期待的诱惑、奖赏保持距离，通过转移注意力的方式，让孩子把注意力从拼命想要得到的事物上移开。

比如，如果孩子哭闹着立刻要吃某样东西，而你想让他暂时忍耐，可以试着用一些孩子感兴趣的其他东西转移他的注意力，从而减少因未能及时获得想要吃的东西而产生的负面情绪。

除此以外，你也可以试试给孩子安排一些额外的、需要花费一定时间才能完成的任务，只有先把任务完成，才能得到应有的奖励。比如孩子想立刻出去玩，你可以答应他的要求，但前提是他必须自己把玩具收拾归位。

延迟满足是一种宝贵的自律品质，它的发展是个体完成各种任务、协调人际关系、成功适应社会的必要条件。不过，父母在进行此类训练的时候，不要一开始就让孩子等待太久，而要遵循循序渐进的原则，将训练的时间由短到长逐步增加。当孩子努力控制自己，获得进步时，父母也要及时对孩子进行奖励。

方法三：运用"代币法"，设定合理的奖励机制。

就像在幼儿园，老师会给表现好的孩子发小红花一样，平时在家里，父母也可以与孩子约定：如果他在家里表现得好，就能获得一枚代币奖励，比如五角星贴纸、小卡片之类。如果他有想要的东西，就可以用这些代币进行交换，一般积累 5—10 个代币就可以达成一次愿望。如此一来，孩子就会在收集代币的过程中学会等待、坚持和忍耐。

当然，在这个过程中，父母一定要做到公平公正，每次给予奖励的标准一定要统一，更不能随意丧失原则。否则，训练就会失去意义，孩子也会在心中产生不满。

我经常在讲课中说，儿童教育应该是一种"活"的教育，父母要根据孩子的性格、当下的具体情景灵活调整，而不是生搬硬套，让教育变成一种强迫。

如果发现孩子已经形成了某些坏习惯，如看电视没节制、爱玩手机游戏、做事磨磨蹭蹭、玩完玩具不收拾、不爱干净等，一定要第一时间给予纠正，而不能任其发展，"污染"孩子的内心。

美国心理学家威廉·詹姆士曾说："播下一个行动，收获一种习惯；播下一种习惯，收获一种性格；播下一种性格，收获一种命运。"

爱孩子的正确方法从来不是溺爱，而是要培养孩子追求幸福的能力。让孩子逐步学会自控、学会等待、学会感激、学会珍惜、学会奋斗、学会自律，这也是他们未来持续体验快乐和人生幸福之味的关键。

父母可以通过以下三个层次，帮助孩子养成良好的习惯。

第一层	不带主观情绪地客观提醒。	"我看见玩具没有在它应该在的位置。"
		"我看到地上有你的小袜子。"
		"我看到你已经看完一集动画片了。"
第二层	父母表达自己的感受,了解孩子背后的需求,再问孩子怎么做对双方都更好一些。	"你为什么不愿意自己睡觉呢?"
		"你需要我为你做些什么吗?"
第三层	适当地表达愤怒。父母要明确自己的底线和边界,要维护自己的权威,不能一味地纵容孩子。不当行为要及时制止,要让孩子学会为自己的行为负责任,否则孩子会进入恶性循环。	"这样让我很不高兴,我非常不希望你这样做。"
		"我感觉很不舒服,这让我很生气。"

> **教育箴言**:强迫、指责、否定只会让孩子越来越糟,接纳、理解、引导会让孩子越来越好。

第四节 7—10岁,让孩子自己做决定并承担责任

孩子只有在进入青春期后才会叛逆吗?

其实,孩子在成长过程中,一共会经历三次叛逆期。在我们最常见的青春叛逆期之前,还有两次主要叛逆期:

第一次是在2—3岁,又叫"宝宝叛逆期";第二次是在7—9岁,又被称为"儿童叛逆期"。

俗话说:"七岁八岁讨人嫌。"七八岁,正是精力充沛、爱玩爱闹的年纪,因为此时,孩子已经有了很明确的自我意识,觉得自己长大了,所以他们不再像小时候那样好哄,甚至会为了表达自己的想法,故意与大人对着干。

与此同时,这个年纪的孩子也迎来了正式的校园生活。新的环境、新的朋友、新的知识,让他们的逻辑思维迅速发展,学习能力也变得越来越强。

对于父母来说,7岁以后的孩子需要的是尊重、信任和选择的自由。这一阶段的教育重点是尊重孩子的自我意识和行为,要相信孩子同样具有理性和自我学习、成长的能力。不要妄图雕刻

他们,而是引导他们;不强迫、不压抑,不过多打骂,也不能一味地溺爱他们。

方法一:培养孩子独立自主的好习惯。

我在授课时经常会讲:除了你自己,没有谁会对你的人生真正负责。

学会选择,是一个人自立、自律、自强的关键标志。一个人往往愿意为自己的选择负责,就算没做好、出错了,也会坦然接受,但很少有人会心甘情愿地为别人的错误买单。

作为父母,更要着重培养孩子在这方面的能力,要经常鼓励孩子自己做决定,而不是包办。

全家出行游玩时,可以让孩子参与到准备过程之中,多问问他的意见,给予他充分的自主权。

"你想穿什么样的衣服?"(让孩子自己选择,并学会根据天气情况自行搭配,培养审美能力。)

"你节假日想去哪里玩?"(让孩子选择主动去了解世界。)

"你想怎么去?"(让孩子自己选择交通工具,考虑预算,做出合理的规划。)

"你做了什么样的游玩攻略?"(选择制订可行性计划并落实。当执行过程中出现问题时,看孩子会选择逃避退缩还是积极面对,负起责任。)

在这个过程中,让孩子做主导,父母可以辅助配合。我们要相信,孩子能够独立思考并做出合理选择,就算不够完美也没有关系,起码孩子愿意参与、不断思考、积极行动,并有所成长。

即使遇到了困难问题,也是让孩子的智商、情商得到锻炼的机会。让孩子认识到,他自己做出选择,就要对自己的选择负责,想办法去克服困难。这样的孩子会更自信,今后也会更自律。

方法二:培养良好的阅读习惯。

兴趣是最好的老师,可以帮助孩子产生强大的自驱力,打开高效记忆的通道。

孩子喜欢读书,其动力来自对未知世界的渴望。只有先产生兴趣,才更容易养成习惯并不断延伸,从而体会到成就感、价值感,还会把这个方面的成功经验带到别的地方去,形成正向循环。

首先,为了激发孩子的阅读兴趣,我们可以结合生活来引导。

比如,看到孩子喜欢汽车、飞机等大型物体时,可以乘势引导:"这辆汽车真酷,它是什么构造?怎么发动的呢?如果有一本能解开谜底的书就好了,是不是?"引起孩子的兴趣之后,再去选书就会事半功倍。

选书的时候,也不要一次性选很多,只选一两本,等孩子读完之后能够分享了,再选下一本。切忌贪多嚼不烂,打击孩子的阅读积极性。

其次,为了提高孩子的阅读兴趣,我们还可以采用"留悬念"

的方法。

比如，给孩子讲故事的时候只讲一半，正当孩子对这个故事入迷的时候，父母就停止了，然后递给孩子一本书，说："这个故事就在这本书里，如果你想知道后面的情节，试试自己寻找答案吧！"

在好奇心的驱使下，孩子就会不知不觉地捧起书本。等孩子读不懂的时候，再给孩子讲或者陪孩子一起阅读。

同时，学会用积极的反馈，强化孩子的阅读习惯。

在日常生活中，如果发现孩子正在读书，一定要给予表扬，如："你能专心看书，这很好，我也要向你学习。"

当面肯定后，还要不断强化。比如，当着爷爷、奶奶、外公、外婆、叔叔、阿姨的面夸一夸："孩子有时间就专心读书，很不错，我为他感到自豪。"

强化一段时间之后，孩子也会认识到阅读的价值，父母再合理地巩固一下，可以使孩子养成阅读的好习惯。

最后，结合以上案例，我还总结出了一些比较有效可行的建议，供各位父母参考：寓教于乐，融入生活；广泛尝试，丰富体验；科学选书，儿童视角；设定议题，深度探讨；预留空间，发掘兴趣；内力外力，形成合力；规划目标，培养能力。

方法三：培养孩子独立做作业的习惯。

孩子步入校园之后，最让父母犯愁的，莫过于孩子的学习了。

很多父母都有过这样的经历：

孩子做作业磨磨蹭蹭，明明一会儿就能做完的功课，非要拖到深更半夜。每天辅导孩子写作业的时候，都会不由自主地火冒三丈。

用一句话来形容：不写作业时母慈子孝，一写作业鸡飞狗跳，亲爸亲妈立刻变脸，爱恨就在一瞬间。有时候火气上头，不由自主地就会说出那句伤人的话："你看人家×××，每天一回家就自己做作业，哪像你这么费劲……"

重视孩子的学习，这是人之常情。然而，培养孩子独立自主的学习习惯不能蛮干，而要讲究方法和策略：

1. 使用"双赢法则"，使孩子保持良好的学习状态。不再强势要求孩子必须怎样，把选择的权利留给孩子。

比如，等孩子放学回家之后，你可以先问一下："你是想先写作业，还是想先玩一会儿呢？"

孩子选择哪一个都是可以的。如果孩子选择先玩一会儿，你可以继续给他选择："你想先玩10分钟还是15分钟呢？"

如果孩子选择15分钟，你接着说："我相信你会对自己的选择负责任。"

15分钟之后，你可以提示一下孩子，同时还可以借机教会孩子认识时间，学会看钟表。

这样沟通之后，孩子去写作业就不是一种被迫的行为，而是心甘情愿的，写作业时心情也会好上很多。

2. 给予孩子正向的带动。

父母陪孩子写作业时，最不可取的做法就是扮演监工的角色，要么在孩子身边无所事事地闲逛，要么低头看手机或者看电视，美其名曰是在"看着孩子写作业"，实则什么帮助也没有，反而让孩子非常反感。

如果你真的想给予孩子正向的带动，可以选择干家务或者在旁专心地学习、阅读、思考。

我上小学的时候，家在农村。我写作业时，父母往往会在旁辛苦地劳作。每当我分心时，父亲就会对我说："你要么用心学习，好好完成作业，要么和我们一起干活。你自己选好、做好。"这句话让我印象深刻，父母劳作的画面也成为激励我前进的动力。

3. 做作业是孩子自己的事情，父母不要越俎代庖。

不要直接告诉孩子答案或者帮孩子做题，让孩子形成依赖性，一定要培养孩子独立思考，独立面对问题、解决问题的能力。

当然，如果孩子真的在学习中遇到困难，父母也不能袖手旁观，可以为孩子提供解决思路。

	解决方法	具体做法
策略一	引导孩子去寻找问题出现的原因。	熟练掌握对应知识点。
		借鉴类型题。
		找参考书。
策略二	引导孩子去向同伴寻求帮助，有利于孩子社会支持系统的建立。	可以通过网络音视频或者电话连线，与同学探讨解决之法。
		可以组织几个同学一起写作业，相互帮助，建立互助成长小组。
策略三	当以上方法都无法解决问题时，向老师寻求帮助。	鼓励孩子积极与老师互动交流，从而建立良好的师生关系。

如果你用心感受，教育其实是一个收获颇丰的行业，越在早期做正确的投入，收获的成果越丰硕。即使孩子大了或者已经成人了，也依然会有改变的机会，只是付出的要多一些，仅此而已。

在教育的过程中，抓住关键点，对症下药，相信一定能获得很好的效果。

教育箴言：言传不如身教，身教不如境教。

第五节　10 岁以后，高质量陪伴补充心理营养

2016 年夏天，我在某中学给家长开展青春期教育讲座。

讲座刚结束，还没等我走下讲台，一位妈妈就迫不及待地冲上来，抓着我的手说："曹老师，您讲得太好了！请您一定要帮帮我。我有个儿子现在非常叛逆，我说什么他都听不进去。我想了好多办法都没用，我可怎么办啊？"

我说："**生命需要接纳，需要爱，需要关系纽带，更需要被真正看见。我知道您非常爱孩子，但教养好孩子是一项伟大的工程，需要的是'对的爱'**。可能是他想要的您没给到，您想给的他没收到。您说对吧？"

妈妈："您说得对，但我做的一切不都是为了他吗？他为什么就不领情呢？"

我继续问："您平时是不是经常数落他、教育他呢？"

妈妈："他有问题，我这个当妈妈的不说谁说呢？但说了也没有用，他就是不改……"接下来，就是焦虑、委屈、无奈和一连串的抱怨。

鉴于时间原因，我刻意打断了她："您还记得上一次表扬儿子是在什么时候吗？"

妈妈低头思考了一会儿，摇摇头："不记得了，关键是他这里不行、那里不行，我表扬什么呢？"

我又问："如果现在让您列出孩子的 20 个优点，您能说出来吗？"

妈妈一时语塞："我说不出来。"

我："**生命最需要的，是被他认为重要的人接纳和认可。**虽然您认为孩子的问题很多，但如果您真的想解决孩子的问题，必须抛开对错，先去修复与孩子的亲子关系。之后我再告诉您下一步该怎么做。"

妈妈："那我应该怎么修复亲子关系呢？"

我给她列举了三条建议：

第一条：回去用几天时间，用心总结孩子身上的 20 个优点，要尽量实事求是。对于孩子的缺点，如果实在忍不住想说，就记在便签本上，等机会适宜的时候再说。

第二条：找个合适的机会，比如周末孩子休息的时候，和孩子一起吃饭，自己做或出去吃都可以。吃饭期间，不要频繁说教，多聊点孩子感兴趣的话题，让孩子感觉到自己被接纳，可以好好享受美食。

第三条：找个安静、适合沟通的环境，将你这些天总结的 20 个优点尽量讲给孩子听。

几天以后，我接到了这位妈妈的电话，说自己实在找不够20个优点怎么办。我哭笑不得，只得告诉她，实在找不够也没关系，那就真诚地面对孩子，但至少要找到10个，剩下的可以在跟孩子探讨的时候来完成。

这位妈妈很相信我，执行力也不错，很快就选定了比较合适的时间和环境。进行了一番铺垫后，妈妈与儿子聊了起来："儿子，好久没和你聊天了。妈妈想给你道个歉，这些年做得很不好，经常对你抱怨、指责。妈妈这些天用心回顾总结，发现我儿子身上还真是有很多优秀的地方！为什么之前我总是看到你的缺点，却看不到你的优点呢？"

儿子听着听着埋下了头，回应道："妈妈，原来我在你心里还有优点啊！"然后泣不成声。

都说母子连心，在那一瞬，妈妈猛然明白了儿子需要的是什么——不就是家人的接纳和认可吗？如果父母都不认同孩子，那别人的认同又有什么意义呢？

妈妈的眼泪也忍不住流了下来。后来，他们又聊了一个多小时，寻找20个优点的任务也顺利完成。妈妈还和儿子约法三章，要多些对彼此的尊重、认可与欣赏，有缺点也可以说，不过要换个方式。

这位妈妈初次找我求助的时候，这个孩子刚上初二。自从妈妈改变对他的态度之后，妈妈变了，他也变了。一年半后，孩子考上了当地的重点高中，我也真的为他高兴。

当孩子进入青春期后，很多父母表示，自己与孩子开始产生严重的隔阂，甚至完全无法交流，更别提帮孩子培养良好的行为习惯，提高孩子的时间管理能力了。

这个问题确实比较棘手。处在青春期的孩子，虽然成长迅速，内在准备却不足，情绪与情感纠结，理想与现实冲突，正处在一个矛盾期，也是问题的高发期。

因此，孩子在 10 岁之前缺失心理营养导致的问题，会在这个阶段比较集中地爆发，此时孩子的渴求也最强烈。这也是青春期阶段很多孩子问题凸显、个性突出、逆反迷茫的原因。

你认为这是好事还是坏事呢？

对于不懂得如何教育的父母来讲，这肯定是一场灾难。

然而，对于智慧的父母来讲，青春期却是父母给孩子补充心理营养的黄金阶段。不仅是一个生命再次觉醒、完善的最佳时机，也是父母完善自己、修正错误、弥补过失和补充能量的最佳时机。

面对孩子在青春期出现的各类问题，父母应该注意哪些方面呢？

原则一：先接纳，再改变。

在这一阶段，孩子会遇到人生的三个关键时期，包括中考、高考的学业压力和情感困惑，其强度和挑战性都是之前无法比拟的。

特别是之前心理营养不够的孩子，如果再遇到一些挫折——某些方面不尽如人意，学习或做事时遇到一些批评或不认可，外貌焦虑，情感波动，等等——极容易出现各类青春期问题，主要表现为：

① 理想和现实的矛盾加剧；

② 隐私意识增强，不愿意与父母沟通，封闭自己；

③ 叛逆，与权威对抗；

④ 撒谎，说大话，掩饰自己内在能力不够或准备不足；

⑤ 虚荣心强，喜欢攀比，试图靠物质获得关注或认可；

⑥ 对异性充满好奇，情绪不稳定、无法控制。

心理营养不足的孩子，更应该被妥善对待，他的心理才会得到恰当的治疗和修复，而不会在错误的路上越走越远。

原则二：重视他，给孩子高质量陪伴。

当我向一些父母提出要重视孩子的时候，他们会觉得无法理解：自己每天起早贪黑，给孩子提供高质量的生活，怎么会不重视孩子呢？

然而，**高质量的生活并不是高质量的陪伴。陪伴指生命的重叠，是在一定时间、空间环境里，彼此的感受和行为要有重叠的部分，用通俗的话来解释，就是要花时间和精力和他在一起。**

比如，对于初中、高中的孩子，每周可以保持三次以上的高质量陪伴。不管住校与否，一般来讲三次是能做到的。孩子需要更多陪伴的，可以多给一些；孩子自我中心完善、有自律习惯的，可以少给一些。

		第一次沟通	第二次沟通	第三次沟通
建立良好的家庭秩序，有规律地每周三次沟通	时间	周日下午或晚上。	周三，起到承上启下的作用。	随机安排。
	沟通内容	了解孩子一周的生活、学习、交友等，可以畅所欲言，然后制订下周计划。	关心孩子的生活状态和目标完成情况。	沟通安排做一些有美好体验的事情，如：一起做饭或出去共进晚餐，一起去郊外运动，一起读书、看电影，等等。
	目标设定	制定下周目标。目标可以分阶梯来设定：底线、达标、突破，这样既能激励孩子，还可以让父母了解需要提前准备哪些资源。	孩子做得不错的地方要给予肯定；孩子遇到了困难，可以帮他分析问题，提供建议，但尽量避免直接插手或者代替孩子完成。	沟通所要安排的活动，要达成的目标是营造良好的家庭氛围，创造亲人之间的共同回忆。因此，活动的内容最好不要跟学习直接相关。
	总结	总结这周做得好与需要改进的地方。	周内总结，更好地完成周目标。	

第一章　了解大脑发育规律，在关键期养成良好习惯

从原则上来讲，青春期的孩子还没有完全独立，仍然需要父母的关注和陪伴。在实际操作时，我建议规律性和随意性相结合。规律性指的是形成良好的家庭会议制度或者有一个固定的时间、地点来进行规律的沟通。随意性指的是父母要把握好自身状态，在了解孩子需求、特点的情况下，随时能够有高质量的陪伴和沟通。

除此以外，父母在生活中还要特别重视自身的情绪管理和情感交往。有些孩子看着大大咧咧，但不经意间觉察到的细节可能会对他未来的学业、事业、恋爱、婚姻、家庭乃至情绪的稳定、自驱力的形成都有影响。因此，在心理营养方面，更需要增加其对家庭情感关系的正确认知。

试想，如果一个孩子总担心父母吵架、离婚，学业会不会受影响呢？他会不会恐惧恋爱、婚姻呢？如果在孩子的幼儿阶段，父母的情感关系处理得不够好，那在青春期阶段，父母要用正确的方法经营婚姻，补上孩子情感缺失的那一环。

如果孩子超过 16 岁，再想要补充心理营养，则需要花费更多的时间。因为信任长期缺失，即便你想改变，他也会因为防备，不敢轻易敞开心扉。面对这种情况，可以试着增加肢体接触，比如拥抱就是最好的表达爱、表达接纳的肢体动作，即使遭到拒绝也要坚持。

心理营养是一个人能量的源泉，是生命健康成长的重要养分，更是一个人自信、自律的基础。

对于孩子来说，他表现得越叛逆，内心的安全感越不足，越需要父母给予他充足的能量，让他感觉到有安全感，被接纳、被认可。这样，孩子才能拥有充足的心理营养，才会活得更有价值感，拥有更加璀璨的人生。

> **教育箴言**：最重要的是通过陪伴，培养孩子追求幸福的能力。

第二章

诞生自驱力的土壤：
敢于放手的父母

第一节 多支持少控制,让孩子学会自我管理

也许你现在正在为家里有一个"牛磨王"而大伤脑筋:为什么自己家的孩子做事一点都不积极,什么都要催着、赶着才会去做,永远不会像别的孩子那样主动自觉?

实际上,天下没有一个孩子是天生自律的。磨蹭、拖拉、丢三落四……这些都是孩子成长路上可能会出现的问题,即使那些看上去非常优秀的孩子也不例外。

对于孩子来说,时间是看不到、摸不着的,他需要经历一个漫长的过程,才能在外力与内力的双重驱使下,完成从"认识时间"到"理解时间",最终"自主管理时间"的心理转变。那么,这一心理转变如何才能完成呢?

从外力角度来说,父母要带动孩子形成秩序感。

俗话说:"无规矩不成方圆。"要想培养孩子的秩序感,父母首先要以身作则,在家庭中构建出合理的序位关系,其顺序如下:

第一位:与自己的关系;

第二位:夫妻关系;

第三位：亲子关系，以及与双方父母的关系；

第四位：与兄弟姐妹的关系。

让孩子清晰地看到自己家庭成员之间的关系，看到爸爸、妈妈、爷爷、奶奶、姥姥、姥爷等各个成员各司其职，会让他更加有安全感和秩序感。

一个国家有一个国家的法律，一个家庭也要有一个家庭的规矩。这套规矩不只孩子要遵守，其他家人同样要一起遵守和践行。在这个过程中，孩子的规则意识和纪律性也会得到加强。

除此以外，家庭的秩序和规律性，还体现在日常活动的安排上。比如，作息要有一定的规律性，对重要时刻、纪念日、祭拜日等要有所安排。这样孩子在日常生活中耳濡目染，也能从中掌握一定的规律。

接下来，我们再来谈一个更复杂的问题：如何激发孩子的内驱力？

激发孩子内驱力的前提是尊重孩子的成长规律，不能用成人的标准去提过高的要求，更不能揠苗助长。

比如，孩子写作业的时候，可以采用奖惩的办法，规范孩子的行为。这种方法在短期内确实有效。为了得到奖励或避免惩罚，孩子会学着克制自己的欲望，延迟满足。然而，这种浅层管理方法却不是每次都能奏效，效果也时好时坏。因为在这个过程中，孩子只是在听从父母的命令，根据趋利避害的生物本能，自然地做出选择。要想让孩子真正学会时间管理，使其变成一种发自内心的主动行为，还需要牢记以下原则：

原则一：少些唠叨，避免催促。

所谓内驱力，从概念上来说，就是在需要的基础上，由外部刺激所唤起，并使个体指向于实现一定目标的内在倾向。其关键点在于，内驱力是一种内部动机。

我们在生活中经常有这样的体会：本来自己想去做的工作，别人在旁边一催，反而会生出逆反心理，突然不想去做了。因为别人的介入，这件本来"我想去做的事情"，就变成了"别人让我去做的事情"，味道全都变了。

同样，当孩子正在做某事，一旦听到了你的催促，他做事的动机就会在瞬间由内部动机变成外部动机。长此以往，他们判断一件事应不应该去做，就会取决于父母催促的次数，而不是自己内心的真正想法。

在日常生活中，父母要多鼓励少责罚，在与孩子交流时可以多说些正面的话题，带孩子强化价值感，如"今天有什么有趣的事情跟爸爸妈妈讲一讲""今天哪些事情你觉得做得比较好，跟爸妈聊一聊"或者"哪些地方不太理解需要爸爸妈妈帮助的，也可以说一说"，等等，引导孩子从小的进步开始，体会到自我管理的快乐和成就感。

第二章 诞生自驱力的土壤：敢于放手的父母

原则二：划分界限，敢于放手。

我遇到过很多焦虑的父母，即使我提醒过他们很多遍，不要总是去催促孩子，然而，一旦孩子没有按照他们的预想完成任务，他们马上会表现得非常焦虑："这么晚了还在玩，作业完不成怎么办？""你现在再不出门，钢琴课就要迟到了！"

当父母总是把孩子的事当成自己的事，又怎么能怪孩子把自己的事当成父母的事呢？诗人纪伯伦在他的散文诗《致孩子》中这样写道："你的孩子，其实不是你的孩子。他们是生命对于自身渴望而诞生的孩子。他们通过你来到这世界，却非因你而来，他们在你身边，却并不属于你。你可以给予他们的是你的爱，却不是你的想法，因为他们有自己的思想。"

自驱力诞生的土壤，其实是自我管理的空间。

如果父母过于焦虑，不敢放手，孩子可能永远也无法拥有自驱意识。即使在放手之后，孩子真的没有写完作业、没有赶上班车，也应该由他自己去面对后果，父母不能表现得比他更着急。

原则三：过度的抱怨、控制，不利于孩子自我管理。

达蒙（William Damon）和勒纳（Richard M. Lerner）所著的《儿童心理学手册》中写道：儿童早期发展起来的自我调节能力与母亲回应性的、支持性的照看方式有关，而父母过度控制、惩罚和对孩子的负面情感与孩子的行为失调有关。

我来深入剖析一下这段话：

我们头脑中的信念，来自不断重复灌输的潜意识，而人的潜意识并没有分辨是非的能力，它只相信不断重复的话语。比如：父母强势控制，时间久了孩子就变得没有主见，被动跟随；父母总是抱怨孩子做事不如别的孩子快，时间久了，孩子的潜意识就会相信他是个"慢孩子"，最终导致孩子自我价值感越来越低，能力越来越差。

在孩子成长的道路上，多给予孩子一些信任和自主权，才能让孩子体会到自我驱动的益处，并心甘情愿地为之付出努力。

原则四：让孩子理解努力的意义，获得胜任感。

在心理学中，有一个现象叫"成功强化效应"，意思是一个人只要体验一次成功的快乐，便会增强自信心，这又会促使他去追求更高层次的成功。在培养孩子自驱力的道路上，我们同样可以利用这一效应，增加孩子的自豪感，让他觉得"我能行""我可以""我正在进步"……当孩子体验到的成功的快乐越来越多，对自己越来越自信时，自驱力就慢慢形成。

自驱力的养成，既需要孩子不懈地努力，也需要父母全力配合。

多一分理解就多一分爱，多一分接纳就多一分力量，多一分支持就多一分坚持。在这个过程中，父母要多给孩子一些耐心和信心，学会"功成身退"，才能逐渐让孩子理解努力的意义，将这种自豪感转化为对自我的要求。

第二节 在平等的基础上交流，允许孩子不听话

"你给我快点写作业，否则晚上就别吃饭了！"
"说了多少遍，不许玩游戏！"
"马上起床！没见过你这么懒的孩子，天天给我添堵。"
"你这么小懂什么？我这样做都是为你好。"
……

对每个人来说，亲子关系都是我们在这个世界建立的第一种关系，也是最纯粹的关系。然而，很多时候，父母终其一生在等孩子的一句感恩，孩子却在等父母的一声抱歉。

我上课时，父母问得最多的一句话就是："曹老师，你说我家孩子应该怎么管啊？"

在很多人的认知里，孩子就像一棵小树，需要时刻修剪枝丫。然而，孩子并不是一个无知无觉的物体，他有自己的情绪，有自己的思维，有自己的感情。其实，孩子可能什么道理都懂，但任凭你说破了嘴，操碎了心，他们也不愿意改变。

良好的亲子关系是家庭教育的基础,更是儿童安全感、自信心的来源。如果父母与孩子之间没有建立起良好的沟通渠道,父母讲再多的话,也无法化为涓涓细流,滋润孩子干涸的心田。

如果你想要与孩子进行深入的沟通,必须有以下几个方面的认知:

首先,作为父母,我们必须明白:人生而追求自由平等。强行制止,甚至大吼大叫,不会让孩子认识到自己的错误,反而会让他产生逆反和对抗情绪。

要知道,这个世界上没有任何一个人有义务要完全按照另外一个人的意愿去生活——即使这个人是你的孩子,也同样如此;这个世界上也没有任何一个人,做任何事、说任何话都是绝对正确的——即使你自诩有了足够的经验,也同样如此。

我们必须牢记:父母不能要求孩子完全按他们的意愿去成长。

孩子只是经你而来,不是归你所有。他有他的使命、他的方向、他的价值、他成长的需求。

如果你对自己的生活感到不满意,甚至有抱怨、失望,那是你自己的情绪,不要把这种失望强加在孩子身上。否则,父母的控制会让孩子产生一种心理冲突:如果他们对抗父母,心里会产生一种背叛父母的愧疚感;如果他们没有反抗,心里又会产生一种憋屈感。

这种矛盾让孩子不管怎么做都是纠结的,内在力量也会缺失。

当然，有时候在强行管制之下，孩子也会变得"听话"。然而，这种"听话"在很大程度上只是孩子因为恐惧而产生的对大人的服从。如果这种恐惧长期存在，会使孩子产生一种服从后的屈辱感，这种屈辱感还会带来极大的自卑感和愤怒情绪的积压。

其次，弄清楚你到底要什么——你究竟是想要孩子获得长久的幸福，还是要孩子现在听你的话？

这个时候，大多数父母可能会觉得非常委屈："孩子做得不对，我管他，还不是为了他好吗？换了别人，要我管我都不管。"然而，你的这种"好"真的是孩子所需要的吗？你的"正确"真的正确吗？

我们要明白：没有哪个大人在控制、批评孩子的时候，不认为自己是对的，这是过度主观的认知。我们要学会放下家长的架子，才能真正了解孩子。

那么，我们应该用什么样的方式跟孩子沟通，才能让他心甘情愿地改变呢？

原则一：先解决感情再解决事情。

成功学大师卡耐基曾说过：用建议而不下命令，不但能维持对方的尊严，而且能使他乐于改正错误，并与你合作。对孩子来说更是如此。

因为，在亲子关系里，解决问题的基本逻辑是"先解决感情再解决事情"。父母要先考虑感情，积极引导，给孩子创造独立思考、独立成长、独立体验的环境，这样孩子才会具备积极的人格。

原则二：尊重孩子的意愿。

孩子幼小的心灵很容易受到伤害，假如父母用命令的口吻告诫孩子，孩子会本能地拒绝，因为他感到对父母让步就意味着自己的软弱与不自主。

假如父母能改用温和的口吻，表示重视孩子的意见，试着问问孩子的想法，或者在做决定之前征求一下他们的意见，他们也会对父母提出的问题进行认真思考。

当孩子出现某些问题，或者自我管理不到位的时候，父母不妨放下粗暴的管教方式，尝试使用一些温和的方法，或许能收到意想不到的效果。

原则三：提出有效的建议。

我们可以提出建议，但并不代表对方一定要按我们的建议去行动。

生活中，一旦孩子不听话或者出现偏差行为，总会听见父母的吼声："别玩了，快去写作业！""父母说话时别插嘴！""再玩手机我就没收了！"……在这种情况下，孩子常常也会态度强硬起来，变得蛮不讲理。

孩子之所以越来越难管，是因为我们用了错误的管教方式。

最后，**如果你真的想要相信孩子、理解孩子、尊重孩子，那**

就从今天开始，努力做一个允许孩子不听话的父母吧！

学会用建议代替控制，试着告诉孩子："爸爸妈妈的话不一定全对，这只是爸爸妈妈结合自己的人生体验和经历给你的建议。我们相信，你是一个有能力分辨是非的孩子。如果你觉得我们说的有用，可以借鉴；如果你觉得没用，可以开动脑筋，自己想出解决问题的方法。爸爸妈妈永远支持你。"

只有这样，我们和孩子的沟通才会少一些指责和否定，才会多一些理解与包容；只有这样，才能让孩子进入一个更加广阔的世界。

第三节 平衡爱好和学业，尊重孩子的兴趣

莎士比亚曾经说，抛弃时间的人，时间也抛弃他。反过来说，那些获得时间馈赠的人，也一定是会善待时间的人，因为他们懂得每个人的时间都是有限的。

我们可以通过一些方法，将每一分钟都利用到极致。然而，说起来很简单，做起来却并不容易，甚至很多大人都没有办法真正做到，更别提自控力远远不如大人的孩子了。那么，如何让孩子理解时间的宝贵，提高时间利用率呢？

原则一：尊重孩子的爱好，也要让他明确自己的责任。

有时候，父母陪孩子写作业之所以崩溃，不是因为孩子不听话，而是因为他们"太听话"了。看到父母在旁，他们就好好用功；父母一旦不在，他们立刻像脱缰的野马，该玩游戏玩游戏，该看课外书看课外书。父母必须时刻紧盯，才能确保他们把精力用在学习上。

为了帮孩子远离诱惑，很多父母使出了极端的方法：没收课

外书、拔电源、断网线……结果,亲子关系岌岌可危。

爱玩是孩子的天性。每个孩子都有自己的爱好,对于父母来说,并不能因为这些爱好占用了孩子学习的时间,就将其全部禁止。相反,应合理安排引导,尊重孩子的兴趣爱好。

可能有些父母会疑惑:难道我要支持他去玩游戏?那学习的时间从哪儿来呢?别急,只要你掌握以下几点,就能摆脱"监工"的身份,让孩子成为自己时间的主人翁。

① 让孩子明白,父母不是敌人,而是支持他们有自己爱好的盟友。认同孩子的爱好也是尊重孩子的表现,有助于培养孩子拥有自信心、自驱力。

② 引导孩子尽快完成作业。孩子做完作业后,可以支配自己的时间。让孩子体会到,他有选择的权力,他自然会更有效率地利用时间。

③ 让孩子明白,完成作业是自己的事,必须在完成后才能干其他的事。完成得快或慢,完全取决于他自己。

原则二:扬长补短,促进孩子全面发展。

在购买辅导资料的时候,原则上应一边提升孩子的优势科目,一边补充其弱势科目。要根据孩子的特点,扬长补短。

比如,语文方面,可以鼓励孩子增加成语、古诗的积累,拓宽阅读面,有时间就带动孩子一起读书、一起讨论、摘抄;数学方面,可以多做思维能力方面的趣味训练等。

只要孩子能够充分利用自己的时间，完成学习任务后，其余时间可根据他自己的喜好进行安排。父母可以一周进行一次汇总，发现不合理的地方就及时优化。

原则三：支持孩子做他喜欢的事，对有意义的事一定要给予鼓励。

好奇、爱探索是孩子的天性，即使是在大人眼中平平无奇的事物，也会激起他们无限的好奇。然而，他们的冒险往往会换来父母的劝阻乃至呵斥，让孩子感觉非常失落。

同样为人父母，我理解父母们的心情，然而我们也要清楚：犯错是孩子成长的机会。终有一天，他们将会独自面对这个世界。作为父母，要鼓励孩子去做他喜欢的事情，也许你的一次支持，会让孩子在自我体验式的成长中获得一生最宝贵的财富。

即使这次体验是失败的，父母也要避免过度指责，而应帮孩子分析失败的原因，做好下一次的计划，他就能逐步更有效地把事情做好了。

原则四：借助好的工具。

俗话说，好记性不如烂笔头。根据著名的艾宾浩斯记忆法，人的记忆周期可以分为短期记忆和长期记忆两种，遗忘率随时间的流逝而先快后慢。

其中，第一个记忆周期是 5 分钟，第二个记忆周期是 30 分钟，第三个记忆周期是 12 小时，这 3 个记忆周期属于短期记忆的范畴。接下来，第四个记忆周期是 1 天，第五个记忆周期是 2 天，第六个记忆周期是 4 天，第七个记忆周期是 7 天，第八个记忆周期是 15 天，这 5 个记忆周期属于长期记忆的范畴。

根据这一原理，我们就可以利用好的工具，提升记忆效率，从而达到节省时间的目的。比如，建议孩子准备两本方便携带的笔记本：一本用作记忆本，另一本用作摘抄本。

记忆本：将日常需要记忆的单词、公式、古诗词等抄写在记忆本上，根据艾宾浩斯记忆法，在每个容易遗忘的时间点进行重复记忆，记得牢靠，效果极好。

摘抄本：将平时在书里看到的好词好句记录下来，随时翻阅，可以让曾经看过的文字在纸上留下印记，有效记忆，最终实现由量变到质变的飞跃。

原则五：增加有效时间，提高专注力。

对于特别重要的事，为了提高时间利用的效率，要学会"好钢用在刀刃上"，把最佳的、最有效率的时段花在那些最重要的事情上。

时间是世界上最公平的东西，我们每个人每天都只有 24 小时（1440 分钟，86400 秒），没有人能够例外。然而，为什么有的人可以在有限的时间里，将自己的事情安排得井井有条，有的人却在时间的追赶中疲于应对呢？

作为孩子生命中的领路人，父母应该学会用孩子能够接受的办法帮助孩子平衡爱好与学业，提高时间的利用率，才能让他的生命变得更加充盈，让亲子关系更加和谐。

教育箴言：每天都是二十四小时，可是一天的时间给勤勉的人带来聪明和气力，给懒散的人只留下一片悔恨。

第四节 放手不放眼，不打断孩子玩耍

回想一下，你是否有过这样的行为：

孩子做作业的时候，你在旁边一会儿削个苹果，一会儿倒杯牛奶，时不时就提醒他注意坐姿，或者提醒他作业中出现的错误，让他赶紧修改。

孩子看电视的时候，总是忍不住提醒他要注意保护眼睛，不要离屏幕太近，并不断提醒他马上就到规定的时间了。

孩子玩耍的时候，喜欢拿着手机拍视频，并要求孩子放下手里的玩具，时不时跟你互动，以留下美好的瞬间。

……

这些生活中常见的情景，经常被父母认为是关心孩子、爱孩子的一种表现。然而，孩子的专注力并不是天生的，要经过后天培养。有时候，他专注地做一件事，正是他培养专注力的过程。

那些看似关爱的行为，实际上是对孩子的打扰。长此以往，

不仅会影响孩子的注意力、记忆力，还会阻碍其情感思维等心理功能的良好发展，以至于孩子在长大之后，根本没有办法集中精力，做事总是虎头蛇尾。

每当我向家长们表达这一观点时，总会有父母对此提出异议：如果孩子沉迷于游戏、沉迷于电视，难道我们不用管吗？小孩子没有自制力，大人再不管的话，他们玩一天都不会停下的！

在这里，父母们要区分清楚：不去打扰并不是放任自流，而是要分清什么时候该打扰，什么时候不该打扰。在平时的生活中，要避免一些会分散孩子专注力的行为，比如：给孩子购买过多的玩具，孩子一个还没有玩透，就被新的吸引了注意力；无法为孩子提供一个安静的环境，导致他在学习时总是被周边事物或声音所打扰；等等。

有人说，每一个不够专注的孩子身边，往往有一个总是打扰他的大人。作为父母，我们应该怎么做，才能不打扰孩子呢？

原则一：等待他。

我家有两个孩子，大宝 4 岁，二宝 2 岁，每当他们玩耍的时候，我不会去指挥他们，告诉他们哪个可以玩，哪个不可以玩。在确认完周边安全以后，我就会退到一边，专注地做自己的事情，尽量做一个好榜样，同时也让他们沉浸其中。

当孩子专注地做自己的事情的时候，学会等待，把"做什么"的选择权主动交给孩子，这不仅是一种养育的技巧，更是对孩子作为独立个体的尊重。

小技巧：如果你真的想跟孩子交流，可以试着在他做事时自然地加入他，比如当孩子画画时，你可以拿着画笔跟他一起画，这样不仅不会打断他，还会使亲子关系更和谐。

原则二：密切关注，但也要保持距离。

意大利教育家玛丽亚·蒙台梭利曾说："游戏是儿童的工作。"我试着在身体上、意识上和情感上去尊重儿童的游戏。

比如，我会把孩子们的书集中放在他们的专属书架上，而不会与玩具和食物混摆；当孩子认真读书的时候，我会将电视机、手机都调成静音，将室内灯光调成比较柔和、护眼的亮度，为孩子创造一个安静、舒心的环境。

我会选择一个即使被中途打扰也能完成的任务，而且通常待在离孩子玩耍的地方的不远处，这样便于监督（对 4 岁和 2 岁的孩子来说，这仍然是必要的），但我通常不会被孩子们直接看到。通过这样的方式，我避免让自己进入他们玩耍的空间，以免打扰他们。

小技巧：父母可以在房间一角或客厅的一角，给孩子创造一个没有干扰的空间。在这个空间里，他可以自由地做自己想做的事。

原则三：不要打断。

当两个孩子在一起玩耍时，如果不是特别必要，我不会轻易打断他们。如果他们玩得很好，我就会让其他事情延后（比如换尿布、拍一段可爱的视频等）。

对于他们之间的大多数矛盾，我也会遵循这样的原则——等待，不打断。你会惊讶地发现，即使大人不干涉，他们也会找到自己的解决方式，并且能够从他们的"谈判"中去学习。

小技巧：如果孩子过于沉迷于某事，或有突发事件，不得不打断孩子时，父母可以尝试用提前打招呼的方法，给孩子的注意力一个缓冲的时间。比如，孩子在看书，但你们临时要出门，这时你可以提前告诉孩子：我们十分钟以后出门，你做好准备。让孩子利用这段时间，主动做好转移注意力的工作，而不是被父母强制带离。

原则四："把它放进口袋里"。

蒙台梭利博士曾说过：除非你被孩子邀请，否则永远不要去打扰孩子，为孩子打造一个以他们为中心、让他们可以独自做自己的儿童世界。

当我看到孩子们正在玩耍时，我会把所有想要告诉他们、教给他们，或者跟他们一起做的事情，都放进一个想象的口袋里。

我不想打断他们的"工作"，但是我会随时等待被邀请。如果被孩子邀请加入他们的世界，我会用孩童的自我全然融入孩子们的游戏。我在脑子里列好的清单也都发挥了作用，既不影响孩子专注、独立地玩耍，又能带动孩子学会新的本领。

小技巧：当孩子能够独立玩耍时，学会去欣赏他们的专注，与其做一个"教师"，不如将自己当成他们的"观察者"和"协助者"。

原则五：回应请求，仅此而已。

在孩子年龄还小的时候，有时他们会需要父母，为他们提供一些东西。这时，我会立刻出现，帮他们拿来所需之物。

虽然我没有与他们一起玩耍，但我不会忽略他们。我会满足他们的需求，但不会给他们要求以外的更多的东西，而是结合环境和现有条件，来创造孩子们的游戏空间。

小技巧：孩子总是对那些自己没有做过的事情充满好奇，如果孩子没有开口求助，在保证安全的情况下，父母尽量不要插手。

孩子的成长，也是父母的修行。很多时候，我们需要思考的不是让孩子改变什么，而是我们应该改变什么。留一点自由给孩子，何尝不是一种智慧呢？

第三章

自驱力的形成：
有选择的孩子更主动

第一节 保持界限感，允许孩子表达自我

从心理学上说，所有行为问题的背后，几乎是关系问题。培养孩子好的行为习惯也同样如此，如果没有良好的亲子关系作为基础，教育之路也会困难重重。如果父母总是打着"为你好"的旗号，以教育之名，行控制之事，与孩子之间界限不清，不仅于教育无益，还会给孩子带来痛苦，甚至影响他们的一生。

我们再来看一个案例，讲的是12岁的米米和小宇的故事。

吃晚饭的时候，米米情绪有些低落，他对妈妈说："妈妈，今天课间，班里有几个同学叫我跟他们一块儿抓虫子。我不愿意，他们竟然说我是胆小鬼。我感到非常生气，其实我和他们是朋友，但如果因为我拒绝跟他们一起抓虫子，他们就不愿意跟我做朋友的话，那他们也不算是什么真朋友。"

与此同时，小宇也在为类似的问题困扰。他从放学回家后就一直心神不宁。父母担心地询问他，可是他始终躲躲闪闪，拒绝回答。最后，他终于脱口而出："我有几个朋友调皮捣蛋，不好好学习，

第三章 自驱力的形成：有选择的孩子更主动

还让我和他们一起做恶作剧，我该怎么办？我不想失去我的朋友！"

米米和小宇面对类似的问题，态度却迥然不同，原因是什么？我们可以从他们成长的家庭环境一探究竟。

在米米的家庭，父母和孩子之间的界限比较清晰。在米米很小的时候，父母就开始有意识地培养孩子的界限感。

当2岁的米米情绪烦躁时，妈妈本能地抱起他想要安抚，可是他不愿意，挣扎着要下来，妈妈只好抑制住想要抱起孩子的冲动，转而放下他，给他空间，让他自己待着，然后问："想不想玩会儿小卡车？"米米的爸爸也采用同样的态度，严守与孩子相处的界限。当跟孩子玩摔跤游戏时，如果孩子累了，或者不想玩了，爸爸就会马上停止。

在米米的家庭里，他是可以说"不"的。当米米感到害怕、不舒服，或者想改变目前的状况、规则时，就会说出自己的想法。父母不会因为他持有不同意见，就向他传递不信任或者不接纳的信号，更不会生气、威胁他。

比如，如果米米觉得规定的睡觉时间太早，想要推迟1个小时，就会跟父母讲，并说出自己的理由。父母考虑过后，认为今天可以推迟1个小时睡觉。但是，为了保证足够的睡眠时间，日后的睡觉时间只能推迟半个小时，米米也表示同意。

对于孩子的事情，父母从来不会要求他一味服从，而是鼓励孩子讲出自己的想法，再共同商量解决的办法。

此外，每次出去游玩时，父母都会让米米参与家庭决策。让孩子参与一些家庭决策，不仅增加了孩子的家庭归属感和责任感，还培养了他的同理心。

父母非常尊重米米的想法，不会因为米米的想法与他们的不同而生气或强迫他改变。正是因为从小生长在有界限感的家庭，当米米面对不愿意做的事情时，才不会因为害怕失去友情而勉强去做。因为他知道，真正关爱他的人，不会因为他拒绝就否定他，跟他断绝关系。

而在小宇的家庭，情况则有所不同。他的父母也很爱他，只是在他的家里，不能有两种声音，大家的想法必须统一。

小时候，一旦小宇拒绝父母的要求，妈妈就会生气，或者讲一些让他感到愧疚的话："妈妈这么爱你、关心你，你怎么能不同意呢？"他的爸爸更加直接，会生气地说："就这么定了，以后别再提这事了！"

用不了多久，小宇就形成了固定思维：凡是父母的要求，不管他有多少想法和不满，都只能选择顺从——反正讲出来也没有用。慢慢地，他变得表面上装作顺从，却把不满都藏在心里。

有一次，妈妈想要拥抱他，他不愿意，试图拒绝，妈妈感觉到之后，马上就放开他，生气地说："你怎么能这么伤妈妈的心啊！"就这样，他的空间被所谓的"爱"与"好意"一点一点地侵蚀，界限感也慢慢消失了。

从那以后，他做决定时不再考虑自己的想法，而是根据周围人的情绪与态度和别人对自己的看法来做决定。表面上看，小宇是个会为人着想、听话顺从的孩子，可事实是，他的行为已经被家人掌控，自主的空间所剩无几，只好任由别人摆布。

因此，当小宇的朋友让他一起做恶作剧的时候，即便他心里不愿意，但多年来的"训练"已经让他不会说"不"了，又怎么会拒绝朋友呢？

如果不顺从父母的意愿，就会听到"不爱你了""你太没有良心了""你辜负了父母"。

因此，**让孩子有界限感，不仅仅是为了防止陌生人伤害他，更重要的是让孩子学会辨别哪些才是真正关爱和尊重自己的人。**

对于那些看似对自己好，实则是打着"爱"与"关心"的幌子，践踏你的界限，试图控制你的人，要有准确识别出来的能力。

所谓设立界限，用通俗的话来解释，就是知道什么可以做，什么不可以做；知道什么时候说"Yes"，什么时候说"No"。设立界限可以保护我们的精神世界不受污染，帮助我们更好地提升自我控制能力。

那么，如何帮助孩子更好地建立明确的界限感呢？

方法一：允许孩子表达负面情绪。

正视负面情绪，不要因为害怕孩子不高兴就回避。负面情绪跟快乐、兴奋等正面情绪一样，是一种信号，可以让人们清楚地感知自己目前的情绪状态。

关键是鼓励孩子把此刻的情绪讲出来，帮助孩子认识情绪，然后寻找负面情绪产生的原因，再共同探讨解决方案。如果孩子现在不想表达，也要尊重孩子的意愿，耐心等待。

方法二：鼓励孩子提问，说出自己的观点和想法。

在课堂上，老师总是会鼓励孩子们，允许对一个问题持有不同观点，展开辩论，尽量让每个孩子都有机会表达自己的想法。

比如，上学第一天，老师就会和孩子们一起制定班规，并且让孩子们自己商定，如果不遵守规定，该采取什么措施。这样，每个小朋友才有机会体验到小主人翁的责任感。

在家庭中，也要给孩子营造良好的氛围，让孩子敢于表达自己的真实想法，不会因为害怕说错话而不敢表达。

方法三：父母要有界限感。

本来应该由孩子完成的事情，孩子却要求父母来完成时，一定要明确表达：这是你自己的事情，你需要自己负责解决。如果父母把所有责任都揽下来，就扼杀了孩子成长的机会。

比如，很多父母抱怨孩子做事拖沓，不按时写作业，这可能是界限不清导致的。要让孩子明白，写作业是他自己的事情，父母不会替他兜底，如果没有写完，第二天他要自己承担后果。

我有一个朋友，平时做事雷厉风行，教育孩子也很有方法。

她有一条很重要的教育原则，就是要建立孩子的边界感，而且这种边界感是很自然地建立的，对孩子成长有着正向的作用。

有一次，她四年级的女儿要去少年宫参加钢琴比赛的初赛选拔。她因为当天有事，在征得孩子同意后，就没有陪同参加。

比赛开始前，女儿突然发现忘了带琴谱，赶紧给妈妈打电话："妈妈，我琴谱忘带了，你快点给我送过来吧！"

有些家长遇到这种情况，可能会放下所有的事情，飞奔过去送琴谱，但她没有那么做，而是对女儿说："妈妈知道你很着急，但我现在正在开会，走不开。咱们一起想想别的办法，好吗？"

女儿哭着跺脚："比赛马上要开始了，还能有什么办法呢？"

她建议道："你可以问问老师，能不能调整参赛顺序，让你一个小时后再上场，你打车回家去拿琴谱，应该可以赶得上。"

女儿马上回答："好，那我马上就去。"

最终，女儿还是依靠自己解决了问题。从那以后，女儿丢三落四的情况就减少了，出门的时候还会提醒她检查自己的随身物品。

通过这件事，她想告诉女儿的是，自己对自己的生活负责。

记住一句话：父母的角色是协助者，不是主导者。只有父母先建立界限感，才能够让孩子建立起界限感。

方法四：在一定的空间里保持界限。

在条件允许的情况下，可以给孩子提供一个能自己说了算的空间。比如：对于年幼的孩子，可以为他搭一个小帐篷，或给他指定一个区域，等等；对于年龄稍长的孩子，可以给他一个属于自己的房间。

对于这些空间，孩子有自主权，没有他的许可，你最好不要随意地踏入他的空间之内。利用这种方法，让孩子形成基本的掌控感。

当孩子开始正视自己的需求，并设立界限的时候，你会惊讶地发现，他们的自驱力也大大提高了。

虽然在生活中，我们经常会对孩子说"自己的事情自己做""自己的事情自己负责"这样的话，但很少会有孩子真的明白"负责"的含义，也很少会有父母舍得让孩子去承担后果。这种偏差导致的结果是：父母苦口婆心、谆谆教导，孩子漫不经心、我行我素。

今天，我就来跟大家分享一个比较好用的方法——"自然后果法"。

"自然后果法"是法国启蒙思想家卢梭提出的一种道德教育方法，主张让儿童通过体验其过失导致的不良后果——比如不吃饭就会饿，不穿衣服就会觉得冷，等等——用最直接的体验取代说教，从而令孩子认识到自己的错误，吸取教训，自行改正。

在保证孩子安全的前提下，"自然后果法"无疑是让孩子"长记性"的最好方法。毕竟，自身的体验比父母说一万遍的道理更让人印象深刻。

在日常生活中，很多人可能都在不经意间使用过这一办法，但很多父母只做对了一半。如何才能利用"自然后果法"达到最好的教育效果？可以遵循以下的行动步骤：

第一步：提前把后果跟孩子说清楚。

当你想让孩子自己承担后果时，要事先把可能导致的后果跟孩子说清楚，让他自己去选择。

比如，孩子早上赖床，你可以告知他，如果一会儿上学迟到了，就要自己向老师解释清楚原因。需要注意的是，当你向他说明后果的时候，不应用一种威胁的语气逼迫孩子就范，而应平静地告知，由孩子自己做出选择，并让孩子对即将产生的后果有一定的概念。

第二步：坚持原则，不要中途放弃。

当孩子因为选择失误，面临巨大压力的时候，难免会流露出一些负面情绪，从而哭闹、发脾气等。很多见不得孩子受苦的父母见此情此景，可能就会将自己的原则置之脑后，忍不住去施以援手。

然而，这样做的结果就是孩子无法了解自己的行为会产生什么后果，也无法提升对自我能力的感知和对责任的理解；相反，会加重孩子的依赖心理。

第三步：不评论结果，不借题发挥。

当孩子因为不听话，给父母添了很多麻烦的时候，父母总会忍不住大怒："我不是早就告诉过你吗？""不听老人言，吃亏在眼前！""看你下次还敢不敢不听话了！"然后就是一大串的说教，甚至冷嘲热讽。

然而，这样做不仅不会让孩子记住这次教训，反而会激起孩子的逆反心理。孩子会由感到后悔、内疚转移到与父母的对抗上。这不仅会削弱教育的力度，还会破坏亲子关系，在孩子心里埋下怨恨的种子。

第四步：对孩子表达理解和同情。

让孩子承担自己行为所产生的后果，并不是对孩子的一种惩罚。相反，当孩子正在承担后果，或者表现出难过、懊悔、愤怒等情绪时，父母要对孩子的情绪表示接纳和理解，给予他足够的情感支持。比如，可以用倾听的方式帮孩子疏通情绪，帮助孩子一起想办法善后，等等，让孩子感到父母真诚地想帮助他。

最近，有一位妈妈向我分享了她的一点教育心得：

我的孩子今年7岁。他有一个坏习惯——做完作业以后从来不收拾，每次都要我给他整理书包，说了很多次也不改。一天晚上，我告诉他，他得自己整理书包。他满口答应，但直到睡觉前也没有整理。我又提醒了他一次，孩子说第二天早晨再整理。

等到第二天早上，他来不及仔细收拾，急急忙忙地整理好书包后去上学，结果把作业落在了家里。从那以后，他每天晚上都早早把书包整理好，再也不用我催了。

第三章 自驱力的形成：有选择的孩子更主动

这位妈妈所采取的教育方法，就是"自然后果法"。当孩子不听劝告时，让孩子承担这种行为产生的后果，以此达到教育目的。

不过，这个方法虽好，并不是在什么情况下都适用，大家可以根据下表酌情使用：

适用场景	① 孩子粗心大意，经常弄丢或损坏东西。 ② 孩子做事拖延，耽误时间。 ③ 孩子无法完成规定的任务。 ④ 事件本身及后果在父母的可控范围之内。
禁用场景	① 会让孩子处于危险之中，比如玩火、玩水。 ② 会损害其他人的权利。 ③ 事件的后果不能在短期内被看到，比如不刷牙、吃垃圾食品等。 ④ 事件本身及后果不在父母的可控范围之内。

父母在让孩子体验自然后果的时候，一定要在保证孩子安全的前提下，判断场景是否适用。

古语有云："父母之爱子，则为之计深远。"如果你真的想帮助孩子培养自驱力，塑造优良品格，就请暂时忍耐一下吧，把自由还给孩子，把需要承担的责任也同步给到孩子，才能让孩子获得更好的成长。

> **教育箴言**：真正的教育，应当基于爱和自由，在此基础上形成界限和规则，而不能基于控制、恐惧和贪婪。

第二节 家长言传身教，告别依赖与拖延

拖延，并不是孩子的"专利"，很多成年人都笼罩在其阴影下。心理学家皮尔斯·斯蒂尔曾在全球范围内调查了 2.4 万人，其中有约 95% 的受访者承认偶尔会犯拖延症。

明明可以立刻去做，为什么非要拖到最后一刻才完成？难道，都是因为懒或者不会做时间规划吗？

事实恰恰相反。以实例为证：我有一个朋友就患有重度拖延症，然而，当你翻开他的日程表，会发现他的每个计划都写得清清楚楚，只是从来没有执行过罢了。

有些家长也曾向我反映过类似的现象：孩子明明知道不该拖延，但就是做不到。如果计划没有完成，孩子也会非常焦虑、痛苦。这是怎么回事儿呢？

要想解答这个问题，还要从导致孩子拖延的六大深层原因入手：

原因一	生理发育不成熟	导致孩子对时间的感知模糊,没有时间观念。	解决方式:随着年龄渐长,孩子的时间观念会增强。
原因二	依赖心理	父母强势,导致孩子依赖父母,主观能动性差。	解决方式:建立清晰的界限,帮孩子告别依赖。
原因三	亲子关系不和谐	导致孩子用拖延的方式寻求父母关注。	解决方式:多关注孩子,给孩子高质量的陪伴。
原因四	父母掌控欲强	导致孩子用叛逆的方式,故意与父母作对。	解决方式:将自主权还给孩子,留给孩子自由支配的时间。
原因五	父母过度催促	导致孩子产生厌烦情绪,丧失主动性。	解决方式:用提醒代替催促,以免适得其反。
原因六	孩子能力不足	没有学会用科学的方法进行时间管理。	解决方式:利用一些时间管理工具,提高效率。

在本节,我们先来看原因二,也是最深层的心理原因,就是孩子的依赖心理。

奥地利心理学家阿尔弗雷德·阿德勒在其《儿童人格教育》一书中这样写道:"一个有拖延习惯的儿童背后,总有一个事无巨细为其整理收拾的妈妈。"

生活中，很多父母都犯过这样的错误：看着孩子做事笨手笨脚、慢慢悠悠，就替孩子着急，经常等不及孩子做完，就出手帮孩子搞定了。久而久之，孩子就会生出依赖心理：反正就算自己不做，父母也会帮着做的。

这种依赖心理一旦养成，必然会导致行为上的拖延。即使孩子知道自己应该立刻去做某事，也没有动力去做，对待学习总是无精打采，不积极、不主动、不思考，什么事都想着依靠他人，更不会主动制订学习计划。

如今，一些孩子是在溺爱中长大的。然而，这种溺爱并不是真正的爱，而是一种害，不仅会让孩子变得懒惰，总想着不劳而获，还会严重影响孩子良好的健康习惯和行为习惯的形成。

作为父母，如果你不想将孩子的潜力扼杀在摇篮里，就要学会"狠"一点，**把选择的自由交给孩子，把行为的主导权交给孩子，让孩子学会对结果负责；在行动中尊重他、理解他，才能促进好习惯和优秀品格的形成。**

案例 1：

孩子答应你晚上 7 点去写作业，时间到了之后，他又央求你再让他玩半个小时。

面对这种情况，不同父母的处理方式也大不相同。其中，不利于亲子沟通的处理方式大致可以分为以下几类：

① 命令型：不行，马上关掉电视，去写作业。

② 威胁型：你要是再不去写作业，别怪我不客气。

③ 说教型：你刚才答应我了，现在必须遵守诺言，不能出尔反尔。

④ 贴标签型：我就知道你不会去写作业，天天就知道看电视，永远也当不了好学生。

⑤ 讽刺型：你就不要学习了，写作业哪儿有看电视有趣呀？以后别的同学都去上大学，你就一直在家看电视吧！

父母不懂得孩子真正的需求和内心感受，将自己的想法强加于孩子，这会成为亲子沟通的绊脚石。这样做往往会导致孩子产生自我否定、缺乏责任感、叛逆、孤僻、缺乏主见、自卑、焦虑、过度依赖等问题。

比如，在案例1中，孩子不愿意去写作业，是因为作业太难，还是因为缺少学习计划？父母需要与孩子深入沟通，而不是主观臆断。

父母要结合实际情况，了解并理解孩子的真正感受和需求，从而引导孩子自觉自愿地选择、自信自律地坚持，才能让孩子告别依赖，形成自驱力。

第三章 自驱力的形成：有选择的孩子更主动

案例2：

孩子："妈妈，妈妈，我的书被小小抢走了。"

妈妈："我听见你说，小小拿了你的书，你很着急，对吗？"（核对情绪）

孩子："不是着急，是很生气。"

妈妈："你想把自己的书拿回来，需要我做什么吗？"（稳定情绪）

孩子："……"

妈妈："想想看，你自己有办法解决这个问题吗？"（启发思考）

如果你想培养孩子独自解决问题的习惯，建议将"我帮你"改成"怎么办？"。

当问题发生时，通过这种互动式沟通，可以引导孩子自己面对问题，主动思考，寻找方法。等下次遇到类似的事件，他就不会手足无措。如果孩子实在无法解决，父母可以提供部分帮助，帮孩子厘清思绪，问题解决后，及时给予肯定。

案例3：

孩子不爱学习，整天沉迷于手机，如果强行拿走手机，就会大哭大闹。

面对这一问题，一些父母会采用制定规则的做法，比如规定"只能玩一个小时""写完作业以后才能玩"等，整天与孩子"斗智斗勇"。

其实，我非常反对大家盲目地给孩子制定规则。

如果你真的要在家里制定规则，一定要有两个前提：

第一，共同参与、共同遵守；

第二，亲子关系融洽。

规则，是家庭当中所有人都应该共同遵守的守则，而不是单独针对孩子的工具。如果你制定的规则只是为了禁止孩子做某一件你不想让他做的事情，那么这个规则就变成管教孩子的工具，变成约束孩子的枷锁，变成禁锢孩子的牢笼，一定是无效的。

以玩手机为例，如果你想规定孩子玩手机的时间，那么规则应该是所有家人共同遵守的。比如，晚上 7 点到 8 点，是全家人交流沟通或者亲子阅读的时间。所有人，包括老人、孩子都不能玩手机。

如果你有重要的电话，那么你可以去卫生间、阳台或卧室接听。如果是亲子交流的时间，在接听电话之前，你应该询问孩子的意见："来电话了，我可不可以接一下？"如果孩子接受，父母要表示感谢，然后再去接听电话；如果孩子不允许，就要挂掉电话，然后告诉孩子："我晚一点再回电话。"

制定的规则需要得到孩子的认同，还要基于孩子稳定的情绪和良好的状态。一个孩子，只有在家里被尊重，他才会尊重他人、

第三章 自驱力的形成：有选择的孩子更主动

遵守规则，才会建立清晰的界限，摆脱依赖心理。

最后，我希望各位父母永远记住一件事：好习惯的养成从来不是靠生硬的规则。所以，如果你想让孩子成长为一个拥有好习惯的人，首先要改变的不是孩子，而是自己。

很多时候，不是孩子依赖心理强，没有准备好与父母分离，而是父母没有准备好。父母对自己的认识、对自己言行的要求，是教育的基础。只有父母先努力成为更好的自己，不断成长进步，才能对孩子的成长带来积极的影响。

第三节 下达指令有原则，言必信，行必果

一个软软糯糯的小婴儿，经历时间的洗礼，成长为一个独立自主的少年，在这个过程中，父母不仅要承担起养育的责任，更要担负起教育的重任。

现实中，不少父母都曾有过这样的抱怨："我为了教育孩子，嘴都快说出茧子来了，但是他从来不听啊！"为了使孩子养成好习惯，父母使出了浑身解数，然而，孩子却还是不能专心做好一件事，爱哭又爱发脾气，怎么教都不听，把大人的话当耳旁风，最终父母气到失控。

让孩子听懂指令并坚持实行，这确实是教养中最大的难题，也是我们在培养孩子自驱力的过程中遇到的最大阻碍。

为何会出现这样的情况？真的是孩子不听话吗？

其实，出问题的不是孩子，而是家长。回想一下，当宝宝刚开始学会跟父母互动的时候，是不是乖巧又听话呢？当你发出"亲

第三章 自驱力的形成：有选择的孩子更主动

亲""抱抱"等指令时，他们会第一时间做出回应。然而，随着孩子逐渐成长，父母发出的指令越来越复杂。有时候，孩子不是听不见你说的话，而是听不懂你说的话。

孩子会服从适度的指令，但何谓适度呢？

相信很多父母会对"你不能这样""不要""不能"等指令用语最为熟悉，然而熟悉的不代表是正确的。这些话说得越多，孩子反而越不愿倾听和服从，还可能会对和谐的亲子关系造成负面影响。

如果你正在为此类问题发愁，不妨先重新审视一下你的教育方式。试试按照以下九个原则发出正确的指令，让孩子听教听话，进而主动自觉地完成任务。

原则一：适度警告。

孩子做得对，给予赞赏；做错了，则给予适当的警告或惩罚。这一做法可引起孩子的重视。事实上，很多孩子都会把首次指令当成耳边风。这个时候，就发出一个简短清楚的警告。倘若孩子态度依旧，就可以启用赏罚机制。

注意：发出警告时，态度要严肃认真。如果孩子不当回事儿，事情又很紧急的时候，可以适当地表达愤怒。

原则二：态度要认真。

孩子有时会试探父母的底线。如果父母每一次发出指令时，都是笑嘻嘻的，孩子也会认为父母不是认真的，自然就不会服从。

所以，当你想要孩子听话，想让孩子完成一件事时，试着用认真的态度表达出来，不要朝令夕改，才能增加指令的权威性。

原则三：一个指令就够了。

孩子一般每次只能接收一至两个指令，因此父母下达指令时，一次一个简单的指令效果最好。

如果一次下达太多指令，孩子也会感觉到迷茫，甚至手忙脚乱、不知所措。情绪一旦失控，情况会更坏。因此，父母不妨把复杂的指令进行拆分：一来孩子更易处理，二来也会使指令更清楚、更具权威性。

注意：同样一个指令不能多次重复。第一次说完之后间隔5秒，再说第二次。如果孩子没有反应，可以拿走分散他注意力的东西，确保指令的执行。

原则四：看时机下达指令。

父母叫孩子做事时，不难发现孩子们的口头禅——"哦""好啦""一会儿就去"，等等。

如果父母不想被这样敷衍，就不要在孩子正专注做其他事时发出指令。如果孩子正在看电视，父母发出的指令孩子根本没有在意，他又怎么会认真执行指令呢？

注意：如果孩子没听到指令，可以试试走到孩子面前再发出指令，确保他们成功接收。

原则五：不要让孩子分心。

这一原则与上一原则相关。如果孩子的注意力正处于高度集中的状态，他们就会自动屏蔽外界的声音。因此，如果孩子在看电视，父母在下达指令前，请先让孩子关掉电视，确保他们能够专心地听父母的指令。

注意：孩子专注于做某事而不愿意停下来，是专注力较强的表现，如果父母没有特别重要的指令，可以不必打断孩子。

原则六：使用明确的语言。

当我们给孩子下达指令时，所用语言也很讲究，要尽量做到指令清晰。

比如，"把玩具收好"和"不要乱放玩具"，哪个指令更加直接清楚？因为前者没有假设性的教训，所以更有推动力，而一旦加了"不"字，反而将指令变得婉转了。

注意：发出指令时，不要故意说反话。如果你想阻止孩子的行为，就要尽量让指令清晰无误。

原则七：不要用请求的方式下达指令。

指令和请求是不一样的：指令是要求别人做一件事，而请求是在征求同意的前提下，希望别人完成一件事。两者立场完全不同。

下达指令，最重要的是简单直接，让孩子知道事情一定要做。

注意：不要大呼小叫，坚定有力地说出要求，孩子才不会抗拒。

原则八：让孩子重复你的指令。

前文提到，有时孩子听到指令后不即时行动，或者听完了马上就会忘记。遇到这种情况，可以在下达指令后，让孩子复述指令内容，确保他已接收到信息，孩子就能牢记指令而行动。

让孩子重复指令的时候，可以让他每句话都重复，也可以让他根据自己的理解，简单概括指令。

注意：让孩子重复指令是一个互动的过程，父母在语气上，不要带有任何威胁的意味。

原则九：定期限。

指令下达后，为了不让事情不了了之，可以给孩子设定一个完成的限期。

在期限内，可以对孩子进行适当的提醒，一来增强孩子的时间观念，二来培养他们信守承诺的品质。如果孩子还是拖拖拉拉，父母可以跟他们一起做，以身作则。

注意：当孩子在规定期限内完成任务时，父母要及时对其进行肯定，并给予奖励。

第三章 自驱力的形成：有选择的孩子更主动

掌握了以上九个原则后，我们便可以在生活中进行灵活应用了。

下面，我给大家分享一个真实的案例，结合以上原则，进行汇总，以供参考：

小明是一个 4 岁的男孩，精力充沛，理解能力较差，平时比较顽皮，大人的话从来不好好听，让妈妈大伤脑筋。

比如，小明特别喜欢在家里跑来跑去，家长越呵斥，他就越兴奋。有时候妈妈生气了，会拦住他，让爸爸一起教育他，但他依然我行我素，下次还犯。

通过小明妈妈的讲述，我发现小明之所以会有这样的表现，除了因为他比较顽皮之外，爸爸妈妈的指令表达也存在着很大的问题。于是，我给小明的爸爸妈妈提出了以下建议：

首先，回家以后跟小明约法三章，告诉他：你可以在家里跑着玩，但一定要保证自己的安全，因为家里空间有限，容易导致你摔倒受伤。如果你想跑，爸爸妈妈可以带你去楼下跑；如果你选择在家里跑，就要对摔倒有心理准备。

其次，设定时间。比如，在家里跑来跑去的时间不能超过 10 分钟。在这 10 分钟里，小明可以自己活动，爸爸妈妈不会去干涉。

最后，及时给予强化。如果有哪一次小明做到了只在规定时间内奔跑，爸爸妈妈要马上进行鼓励，告诉他："你做到了，真是太棒了！"

过了一段时间，小明妈妈给我反馈，说小明这个坏习惯已经有了明显的改善。她按照这个方法与小明沟通，感觉他听话了很多，不再事事都跟大人作对了。

没有管不好的孩子，只有不会管的父母。

很多时候，孩子养成坏习惯背后的原因，是我们没有了解他们。因此，要想让孩子听话，父母在跟孩子沟通时，就要说得清，令孩子听得明、做得通，也就是父母要做到责令清、号令明、示范准、行动快，才能让孩子接收到的信息更加准确。

> **教育箴言**：家长最基本的能力——合理表达，有效沟通。

第四节 巧用"登门槛效应",阶梯式增加难度

中国有句古话:"不积跬步,无以至千里。"孩子的成长不是一日之功,虽然父母都希望孩子能尽快改掉身上的缺点,然而,愿望再美好,凡事也要遵循事物发展的基本规律。

面对无法达到自己期望的孩子,很多父母会产生一种失望的感觉,甚至想要放弃,觉得自己不是合格的父母。

其实,我们作为父母,应该反省一下自身:是不是教育方式出了问题?孩子达不到自己的期望,原因究竟在哪儿?

原因一:理解有偏差。

周末,爷爷在家教孙子做数学题。有一道应用题比较难,孙子解不出来,就跑去问爷爷。爷爷是一位资深的数学教师,就按照自己的思维把这道题解了出来。

没想到,周一老师在讲习题的时候,却说不应该用爷爷的解法。回家后,孙子就告诉了爷爷:"老师说,我们还没有学到这种解法,

所以不能用。"

因为爷爷所用的解题方法远远超过了孩子现阶段所掌握的知识。生活中,很多事情也是这样的。有些时候,不是孩子达不到父母的期望,而是我们作为大人理解有偏差,对孩子造成了误解。

原因二:父母好高骛远。

涵涵是一位初中生,成绩一直名列前茅,但在最近几次测验中,却总是发挥失常。有一天,她哭着对我说:"一直以来,爸妈对我的要求都很高,我感觉压力很大,一考试就特别紧张,害怕万一考得不好,会遭到他们的训斥,结果就真的越考越不好了。我很讨厌他们。"

从涵涵的话中我们可以看出,父母的期望对孩子会产生很大的影响。虽然说"可怜天下父母心",父母这样做都是为了孩子好,但是如果孩子不领情,就会不理解父母。作为父母,你有没有想过:你提出的这些目标,会给孩子造成多大的压力呢?

过高的期望会使孩子绝望。即使心里再急,我们也必须承认:让孩子改掉不良习惯,培养自驱力,是一个很漫长的过程。在这段时间里,父母要保持好良好的心态,拿出足够的耐心,才能去面对教育过程中经常出现的无效努力。

为了让孩子在改变中更有动力,让父母的努力更有成效,我

第三章 自驱力的形成：有选择的孩子更主动

们可以采用一个心理学上的技巧，即通过阶梯式增加难度的方法，让孩子更容易接受。

在心理学中，有一个概念叫作"登门槛效应"。这是什么意思呢？举个例子，当你要求别人去做一件难的事情的时候，他可能会直接拒绝。但是，当你先让他做一件非常简单的事情时，他往往会欣然答应。然后，再在此基础上去增加难度，他就会更容易接受，从而同意去做这件事。这就是典型的"登门槛效应"。

对父母来说，应该如何利用这一效应，来达到自己教育孩子的目标呢？我们可以用生活中的实例来加以说明。

一位发愁的妈妈向我求助，说孩子不爱学习，一让他写作业他就面露难色。明明晚上9点可以完成的任务，非要拖到11点，给他规定时间也不管用，到时间没有完成他就会耍赖、发脾气，全家都要陪着他一起熬夜。该怎么做才能让孩子爱上学习，主动完成作业呢？

通过长期观察，我发现：很多时候孩子不爱写作业，不是能力问题，而是信心问题。

因为在做作业这件事上屡屡受挫，孩子产生了畏难情绪。这时，父母可以巧妙地借助"登门槛效应"，先给孩子制定一个目前可以实现的小目标，再逐渐增加难度，孩子接受起来就会容易很多。在这个过程中，孩子也会逐渐变得阳光自信。

那么，具体应该怎么操作呢?

首先，理解孩子内心的想法。

托尔斯泰曾经说过这样一句话:"我们平等地相爱，因为我们互相理解，互相尊重。"

当孩子不愿意按时写作业，磨磨蹭蹭时，父母越是责怪，孩子越想逃避。**作为父母，我们应该学着去理解孩子，用孩子的视角和思维模式，去了解孩子的世界，询问孩子拖沓的真正原因，倾听孩子内心的想法，而不要拿我们大人的思维模式去约束孩子的想法。**

在得到孩子认同的基础上，再去引导孩子对学习产生动力和兴趣，才能事半功倍。

其次，根据孩子的学习的情况，帮助孩子制订学习计划。

一位爸爸曾经跟我说过这样一件事:

有一天，他去接孩子放学，因为大堵车，比平时整整晚了一个多小时才到家。女儿愁眉苦脸地说:"爸爸，现在这么晚了，老师布置的作业，我根本写不完呀!"爸爸一看，是有点难度，但是如果规划好时间，还是可以完成的。于是，他就对女儿说:"要不这样，你先去做你喜欢的语文作业，然后咱们做手绘，爸爸陪你一起画画，最后做数学题好不好?"女儿点头同意，开开心心地去写作业了。

第三章 自驱力的形成：有选择的孩子更主动

当任务量很大时，孩子本能地会产生畏难情绪，我们大人也是如此。上面案例中的爸爸在孩子遇到困难时，根据孩子的喜好、作业的难易程度，去规划孩子的时间，孩子就会更容易接受，然后根据爸爸制订的计划去完成任务。以后再碰到类似的困难时，相信她也会处理得很好。

另外，对于不爱写作业的孩子，我们还可以通过对作业分级的方法，用逐渐升级难度的方式，激励孩子更好地成长。

将大目标拆分成一个个小目标，一方面，可以让孩子及时看到自己努力的成果，激发孩子的积极性；另一方面，可以帮助孩子培养良好的习惯，使他们养成优秀的品格。

最后，通过阶梯式的学习目标，可以将良好的学习习惯具体化、系统化、差异化，有助于孩子循序渐进地完成计划，从而培养孩子的自觉性，让孩子学会自我管理，自信自律。

正所谓："精诚所至，金石为开。"罗马不是一日建成的，培养孩子也不是一日之功。

作为父母，一定要循序渐进，给孩子自由成长的空间。这样孩子才会有信心，这种自信能形成自驱力，继而让孩子终身受益。

第五节 给孩子适当的选择权，让他成为生活的小主人

能够自己决定自己的生活，获得一种自由感，是人类基本的心理需求之一，孩子也不例外。

在家庭教育中，有些父母往往会由于控制欲太强，在无意中剥夺孩子选择的权利。他们对孩子的饮食、穿着、行动等有着完全的决定权，孩子只是一个被动的接受者。其实，选择权的背后，是责任的体现。从孩子的角度来看，既然这不是自己的选择，自然也不用承担相应的后果，即使出了问题也是父母的事，与自己无关。

很多父母觉得越来越累，根源就在于此。没有将选择的权利交还给孩子，反而将孩子的人生背负在自己身上，又怎么能不累呢？

作为父母，如果我们换种思路，放下控制欲，用适当的方法给孩子选择权，培养孩子独自选择的能力，更能培养孩子的独立性和自律性。

第三章 自驱力的形成：有选择的孩子更主动

实践一：超市大赢家。

问问孩子想吃些什么菜，一起看看家里储备的食物，以及需要购买哪些食物，再列个清单。然后让孩子决定预算多少，选择去哪里购买。去的时候让孩子带路，做导购，有问题让孩子自己找人咨询，解决问题，还可以让孩子算算账，等等。

类似的事情能让孩子更加热爱生活，产生当家做主的感觉，体会到参与家庭事务的成就感。

我在街上见到过很多带着孩子出行的父母，即使孩子已经不小了，他们还是紧紧地牵着孩子的手。虽然安全意识强，但你不可能将孩子绑在身边一辈子。你不敢放手的原因，是对孩子的能力有所怀疑；而孩子越不被信任，就会越有依赖性，越不愿意主动做出选择并承担责任。这样造成的结果就是家长越操心，孩子越无能。

下一次，如果你和孩子一起出去购物，不妨将父母的角色暂时放下，让孩子带你出门。你可以这样说："妈妈出门总是记不准路线，还容易迷路。今天你做小向导，可不要把妈妈搞丢了哦！"

等购物回来之后，可以让孩子适当地参与做饭的过程，让他知道这些食材是如何被做成佳肴，端上餐桌的。因为是自己购买的食材，孩子也会体会到自己做选择的自豪感与成就感。

用心感受一下，孩子有机会做选择，是不是很有主人翁的感觉呢？他的角色、责任心、注意力、能力、自信心又会发生怎样的变化呢?

实践二：让孩子参与到家庭事务当中。

孩子也是家庭的一员，父母可以掌控的事情，都可以放手让孩子参与。

比如，做家庭预算。你可以每隔一段时间带着孩子开个家庭会议，公布家庭财务状况，并进行支出预算，合理分配家务和其他各项事务等。

小的时候，爸爸总会不定期给我和哥哥讲一讲家里的收入和支出情况：家里有多少田地，今年分别种了些什么，养了多少猪、鸡、鸭、鹅、牛、羊等，每年收获多少粮食，粮食可以卖多少钱，等等。虽然有时候听不太懂，但每次听父亲讲这些的时候，我心里总是充满力量，觉得自己已经是"小大人"了。平时田里有什么活儿，我都会抢着去做。偶尔下几天大雨，我和哥哥比父母更忧心忡忡。

正是这些经历给了我极大的磨炼，成就了我勤奋的品质、强大的耐力和意志力。长大后，儿时的经历对我的事业有很大的帮助，甚至我现在做的很多项目都与其有关。

让孩子参与到家庭事务当中，不仅能培养孩子的自驱意识，帮助其养成良好的自我管理能力，还可以锻炼他的财务管理能力、动手能力、劳动能力、创造能力、沟通能力等，孩子对获得的物品也会更加珍惜。这些也是良好家风的重要组成部分。

实践三：选择和谁交往。

俗话说："近朱者赤，近墨者黑。"

人类是由社会化的族群发展而来的。据心理学研究显示，一个人能否从重创中恢复，40%取决于他是否具有良好的个人社会支持系统。

所谓个人社会支持系统，指的是个人在社会关系网中所能获得的，来自他人的物质和精神上的帮助和支援。一个完备的社会支持系统包括亲人、朋友、同学、同事、邻里、老师等。

在选择和谁交往的过程中，孩子可以培养合作意识、沟通能力、情绪管理能力，拥有责任心和使命感，也能拓宽格局与视野。 当然，让孩子自主选择和谁交往的前提是孩子能够注重自我保护，拥有完善的价值观，以及对美丑善恶的甄别能力，等等。

可以说，**良好的交往是促进孩子自律的重要外力。**

支持孩子建立人生"六大朋友圈"，完善社会支持系统，是帮助孩子养成健康性格、健全人格的必要过程，这也是孩子成长发展的重要任务。

① 学习型朋友圈：建立学习型小团体，可以一起写作业，或者相互协作解决学习中遇到的问题，促进孩子的团队协作能力发展，使他们学会依靠自己的能力和资源解决问题。

② 运动型朋友圈：运动会让孩子的身心更健康。团体型、对抗型体育运动更有利于孩子提升综合素质，树立正确的胜负观，释放不良情绪，提升耐力、意志力，等等。多项研究指出，爱运动的孩子会比不爱运动的孩子更自信，也更自律。

③ 社区型朋友圈：远亲不如近邻，城市化进程中，社区的功能变得越来越重要。社区是孩子了解社会功能、属性的重要基地。建立正向的社区朋友圈，经常开展有益于社区的活动（参加社区美化、节日活动，关爱孤寡老人、弱势群体等），有利于孩子拥有责任心和使命感。

④ 爱好型朋友圈：俗话说，技多不压身。爱好不仅能够让生命更加丰富多彩，而且会在你失落时给你带来希望和动力，同时还能启发灵感，使你突破瓶颈、开阔视野。

⑤ 特长型朋友圈：培养孩子在某个领域的特长，可以更好地促进孩子自信心的发展。同时，孩子也会有机会拓宽交际面，明白"人外有人，天外有天"的道理。

⑥ 研学旅行型朋友圈：读万卷书，不如行万里路；行万里路，不如阅人无数。研学旅行型朋友圈能让孩子更深入地了解这个世界，陶冶心性，得到全方位、立体式的锻炼，从而促进孩子身心全面发展。

另外，在给予孩子选择权的时候，还要遵循以下几个原则：

① 提供给孩子的选择要有明确界限；

② 提供给孩子的选择要有可操作性；

③ 提供给孩子的选择要简单明了，最好是二选一；

④ 提供给孩子选择时，可以加一句"你决定，你负责"，让孩子更有自主性；

⑤ 当孩子拒绝做出选择时，坚持你的原则。可以试试对他说："你的事情你来做决定，好吗？不管做什么决定我都会爱你、支持你！"减少孩子做选择时的压力。

最后，我也要对那些对育儿感到焦虑的父母说：父母学会放手，是孩子成长的前提。任何错误的背后，都是孩子成长的契机。如果你剥夺了他选择的权利，就是扼杀了他成长的动力。试着放下控制欲，以向导和助手的身份，帮助孩子独立行走，是智慧的父母都必须学会的重要一课。

> **教育箴言**：过度保护孩子，只会让孩子的翅膀折断。

第四章

培养自驱力有方法：
寓教于乐

第一节 游戏化教育，寓教于乐改变行为模式

思维模式决定行为模式，行为模式决定结果，结果组成人生。

生命是感性和理性的平衡。人的痛苦并不完全因为太感性，有的时候则是因为理性过强。孩子的思维发展就是先从感知开始的。孩子的感受、感知能力更强，而随着时间的推移，他的逻辑思维能力逐渐发展。**如果教育能够顺应孩子的成长规律，将有利于孩子身心的健康发展。**

因此，要想改变孩子的行为模式，我们一定要从了解他们的思维模式入手，才能有的放矢。

根据瑞士儿童心理学家皮亚杰提出的认知发展心理学的研究，我们可以清晰地了解孩子在不同年龄阶段所具有的不同思维特点：

一、0—2岁阶段：感知运动阶段，呈现的是直觉行动思维。

孩子在婴儿期，是直觉行动思维，靠视、听、触、味、嗅等感官来感知世界。他们的思维与感知是分不开的，是在亲身体验、

直接感知、实际操作中发展的。

因此,婴儿的行为模式就是边活动,边感受;不是想好再做,而是边想边做,边做边想,在做的过程中想,在想的过程中做。当婴儿的活动停止或注意力转移,他们的思维活动也会随之停止或转移。

孩子在幼儿初期,同样是直觉行动思维。当幼儿自己动手操作或玩玩具时,才进行思维活动。3岁儿童的思维活动离不开具体实物和实际操作,是随着对具体实物的感知和实际操作的感受展开的。

> **思维小游戏:满足体验**
>
> 父母在陪伴、培养孩子的过程中,要注重孩子的完整性体验。比如孩子在口欲期时,喜欢把东西往嘴里放,父母不用一味阻止,可以准备好干净卫生的玩具,让孩子尽情体验;当孩子在空间敏感期时,喜欢扔东西,父母可以准备好摔不坏的玩具,让孩子扔了再捡回来,重复体验,充分满足。

二、3—7岁:前运算阶段,呈现的是具体形象思维。

逻辑思维是在具体形象思维的基础上逐步发展的,只有在积累了各种感性经验的基础上,才能抽象地概括出具体形象的本质属性。

从 4 岁开始，幼儿的思维方式开始向具体形象思维过渡。此时，他们形成的逻辑关联通常是从生活中见过的实物、经历的事件、有关系的人物中产生的，依赖个别实物的具体形象和已有的经验，概括性较少，复杂性较低。

到 5 岁时，幼儿的思维方式开始具有一定的概括性，主要概括事物的外部特征，理解具体概念。

6 岁左右的幼儿的具体逻辑思维得到发展，开始掌握一些概括性、分类性较强的概念，如家具、蔬菜、交通工具、动物、植物等，开始理解事物发展的浅层逻辑关系，包括刻度、重量、时间、

思维小游戏：反口令

①让孩子根据父母的口令做相反的动作，训练孩子的逆向思维能力，提高思维的敏捷性。

比如：你说"坐下"，孩子就要站着不动；你说"起立"，孩子就要立刻坐下；你说"向左看"，孩子就要向右看；等等。让孩子根据你的口令做相反的动作。

②让孩子说出口令的反义词。

比如：你说"白天"，孩子说"黑夜"；你说"前面"，孩子就说"后面"；等等。可以根据孩子的实际情况，适当调整词语的难度。这样，孩子不仅能锻炼思维的灵活度，还能积累词汇量。

方位、增减等浅层抽象逻辑概念。但是在这个阶段,孩子的思维仍然不能脱离具体实物而形成。

三、7—12岁:具体逻辑运算阶段,呈现的是基于实物的抽象思维。

这一年龄段的孩子,正好处在刚上学的阶段。孩子在这一阶段的思维特点是:他可以进行一系列的逻辑推导,但是还要依靠具体的事物作为支撑。处在具体逻辑运算阶段的儿童,虽然在推理、逻辑思维和解决问题的能力方面,已经超过了前运算阶段的儿童,但其思维还具有局限性,还不能进行抽象的语言推理,离不开具体事物的支持。

> **思维小游戏:逆向的时钟**
>
> 在孩子能通过时钟认识时间之后,可以自制一个能够自己调节时针和分针的时钟,并准备一面镜子。
>
> 玩游戏的时候,让孩子面向镜子,家长则站在孩子身后,拿着自制的时钟,对着镜子拨动时针和分针,让孩子根据镜子里的影像说出正确的时间。

四、10—15岁：形式运算阶段，脱离具体实物进行概括、推理、演绎等，抽象逻辑思维能力形成。

从具体形象思维到抽象思维，再发展到抽象逻辑思维，思维发展是一个循序渐进、逐步发展的过程。10岁左右是孩子的思维能力飞跃的关键期，要注重培养孩子的思维能力，训练孩子逐步具备抽象逻辑思维能力是非常重要的。

> **思维小游戏：发散思维训练**
>
> 在这一阶段，对孩子进行发散思维训练，可以经常问一问孩子，看待问题还有没有其他角度，让孩子尝试从不同角度思考和解答问题。

给孩子营造一个放松、愉快的生长环境，结合其思维发展特点，以小游戏的形式进行针对性的思维锻炼，可以让孩子萌发思考兴趣，使其大脑经常处在积极的思考状态之中。

通过亲子间的互动游戏，孩子可以学会遵守规则、了解事物之间的内在联系、理解常见的逻辑关系、讨论一些话题，从而锻炼孩子的互动能力、语言表达能力、思考应变能力、情绪管理能力等，同时还能提升孩子的自信心和自律性，使孩子逐渐形成良好的自我驱动能力。

对孩子来讲，最好的老师是兴趣，最好的教育形式是游戏。

第四章 培养自驱力有方法：寓教于乐

在参加过很多幼儿教师的培训，尤其是亲自养育了两个孩子之后，我深深体会到：**儿童教育的核心是尽可能运用参与性、互动性相结合的游戏化教学方式。**

在儿童思维训练的过程中，除了有方向性地设计可参与的游戏之外，日常的语言沟通，互动讨论，话题延展，生活、自然的融入都是必不可少的。

其中要特别强调的是，在家庭生活中父母要以身作则，家庭作息时间要规律，各项事务安排要有条理，才能为孩子自驱力的培养打下坚实的基础。

> **教育箴言**：勤学如春苗，未睹其长，日有所长；辍学似砺石，不见其损，日有所损。

第二节 "四级提问法"：用启发代替说教

教育孩子，你真的做对了吗？

美国儿童心理学家鲁道夫·德瑞克斯指出：在教育孩子的过程中，要鼓励孩子自行寻找解决问题的方法，不要直接告诉他们答案。而作为家长的我们，却总想着把自己觉得正确、对孩子有用的道理传授给孩子；在孩子遇到问题时，也总是以自己的经验来要求孩子，希望他们按照我们的想法去做，从而少走一些弯路。

但说教只是我们一厢情愿的单方面输出，往往是家长说了千遍万遍，孩子却将这些说教当成耳边风，收效甚微。因为孩子往往更愿意为自己思考出来的结果负责，而不愿意执行大人的命令。因此，更有效的教育是用启发式提问代替说教，引导孩子自己主动思考问题的结果，培养孩子独立思考和解决问题的能力。

那么，在日常生活中该怎么做，才能培养孩子的这一能力呢？有的时候，把问题回抛给孩子，可以让孩子获得主动思考和独立解决问题的机会，而你只需要在关键时刻给予孩子必要的支持就足够了。

第四章 培养自驱力有方法：寓教于乐

下面，我们先来看一个案例：

儿子偷偷拿了邻居家琪琪的绘本，琪琪的妈妈来告状。妈妈很惊讶，但既没有辩解也没有立刻找儿子兴师问罪，而是对琪琪的妈妈说："孩子不成熟的行为给您添麻烦了，给我一天时间解决这件事。如果孩子真的拿了绘本，我会带着孩子来归还绘本并向琪琪道歉。"

随后，妈妈找到儿子，对他说："妈妈发现你最近很喜欢看书，尤其对绘本很感兴趣，是吗？"

儿子很开心，说："是的，妈妈，我觉得看绘本很有意思。"

妈妈又说："这很好啊，妈妈支持你。今天带你出去买绘本好不好？"

儿子开心极了，两个人很快去书店，买了一本儿子早就想要的绘本。一路上，儿子都把书攥得紧紧的，喜欢得不得了。

回到家之后，妈妈一边跟儿子一起看绘本，一边问："如果这本书突然找不到了，你会怎么样呢？"

儿子说："我肯定会特别着急，没准儿还会哭。"

妈妈继续问："如果是别人不小心拿走了，没有告诉你，你会是什么感觉呢？"

儿子想了想，说："我会着急，还会生气。"

妈妈说："如果你因为喜欢看琪琪的绘本，就把绘本拿回家而忘了还给她，琪琪找不到绘本会怎么想呢？"

儿子说："她肯定也会着急，也会生我的气。"随后，儿子拿出了一本绘本，跟妈妈说："我要把绘本还回去，再给琪琪道歉！"

根据皮亚杰的儿童道德认知发展阶段理论，2—5岁的孩子处于自我中心阶段，即前道德阶段，这时期儿童还无法做出道德判断，规则对他不具有约束力。

在上述案例中，妈妈全程没有提到"偷"字，也没有直接呵斥孩子，而是通过提问的方式，让孩子认识到自己的错误，在解决问题的同时，维护了孩子的自尊心，培养了孩子的责任感和主动思考、解决问题的能力。

我曾经看到过这样一个调查：调查人员问孩子"最反感父母的时候是什么时候"，其中，孩子说得最多的就是"父母唠叨的时候"，甚至还有孩子说父母一唠叨，他就会紧张、烦躁，一句话也听不进去。

从心理学的角度来说，提问可以让人的大脑运转，激发思考能力，同时不会产生太强的压迫感，而命令、唠叨等，却会让人感到紧张，使大脑产生逃避、抗拒等应激反应。

的确，有许多父母总喜欢直接把答案告诉孩子。然而，就像一位教育家曾经说的：你每告诉孩子一个答案，就剥夺了孩子的一次学习机会。因此，我们必须约束这种冲动，当面对问题时，可以根据以下步骤，对孩子进行正确的引导和提问：

用提问代替说教的"四级提问法"

步骤	内容	具体做法	原则
第一步	客观描述，收集信息	在询问事情原委时，可以针对以下内容：时间、地点、事件、结果，有什么表现和收获，需要什么帮助，等等。	共情。
第二步	问题层提问	当孩子表达模糊时，可以采取情境重现法和关键点法收集有效信息。	积极面对，积极倾听。
第三步	解决层提问	在解决问题时，可以问问孩子，他希望用什么样的方法解决问题，这样做会产生什么样的结果，父母能为他提供什么样的帮助，等等。	引导孩子自主寻求解决问题的办法。
第四步	影响层提问	针对经历过的事情，引导孩子自主进行归纳和总结。	耐心引导，不要急躁。

除此以外，我们在用提问代替说教的时候，还要注意以下几点：

① 在向孩子提问时，不要在心里预设一个答案，而要认真倾听孩子的心声，接纳孩子的想法，目的性不能太过明显；

② 如果孩子的情绪比较低落或者激动，先给他时间去平复心情，再进行提问；

③ 在提问的过程中，尽量少用或不用"为什么"，以免让孩子觉得被指责了，影响提问效果；

④ 对于某些问题，孩子不一定要给出明确的答案，可以留给他思考的时间，也可以让他用行动来证明。

总而言之，尽量将自己想要告诉他们的答案转换成提问的形式，让孩子自己通过思考，得到学习的机会，这样才能让孩子口服心也服。

> **教育箴言**：照顾和分离都是父母必须完成的任务，不用纠结，不用迷茫，积极向上。

第三节 提高效率，发挥自控力与专注力

前段时间，一位学霸的作息时间表在我的朋友圈广泛传播：

5:00—5:30：起床洗漱；

5:30—6:00：从宿舍走到教室；

6:00—6:30：阅读英语文章；

6:30—7:00：背诗歌或美文；

7:00—7:45：吃早饭；

7:45—8:00：休息；

8:00—8:45：上第一节课；

8:45—8:55：提前预习下节课的内容；

8:55—9:40：上第二节课；

……

有人说："学霸拼的不是智商，不是天赋，而是时间管理能力。"

确实如此，当别人的人生被"无效时间"与"垃圾时间"所占据的时候，他们却将自己的时间细化到了每一个小时，甚至每

一分钟。碎片时间得到充分的利用，转变成知识的积累。

在他们的优秀的背后，是有效管理时间的厚积薄发。不过，要拥有这样的时间管理能力，绝不是一朝一夕就能练成的。要想避免时间的浪费，一定要掌握一个原则：时间安排得越精细，单位时间的效率越高，完成的事情就会越多。

根据有关研究和实践经验，我们可以通过以下方法更好地驾驭时间、提高效率：

方法一：学会合理安排时间。

很多孩子拖拉、磨蹭，其实是因为没有时间管理的意识。想让孩子改掉这些毛病，最好的办法就是让孩子学会合理安排时间。

当孩子写作业时，先让他决定好要写的科目的顺序，再把该科目要用的书和练习本等相关学习用具拿出来即可，其他教材都放在书包里。否则，孩子一会儿写这个，一会儿又写那个，难以集中精力解决问题。

根据各科目的作业量，合理进行时间规划，然后集中精力，在计划时间内完成该科目的作业后，再开始写别的作业。

方法二：调整情绪，提升专注力。

提升专注力是提升单位时间效率的法宝。然而，对于孩子来说，想要提升专注力，是要通过训练的。

将孩子的学习任务从定时改成定量；当孩子专注地做事时，

尽量不要打扰；为孩子创造干净、整洁的学习环境；日常结合孩子专注力的情况，进行听觉、视觉、体觉专注力训练。

如果孩子无法专注地学习，可以帮助孩子调整情绪，引导他想一想完成任务之后的成就感；如果孩子情绪太过亢奋，可以让他在写作业之前先调整坐姿，放空大脑，做几次深呼吸，让情绪平复下来。

尽量让孩子的情绪保持平静愉悦，达到长时间专注的良好状态。

方法三：利用碎片时间。

教会孩子珍惜和利用碎片时间，会大大提高做事效率。

让孩子懂得时间的珍贵；把零碎的时间加起来，会是一个可观的数字；学会融会贯通，巧妙地利用时间。

学生字或背单词时，想要提高效率，可以尝试携带单词本，利用碎片时间，每天进行五轮复习，持续巩固的效果非常好。

方法四：制定奖惩制度。

我曾听过一个说法：人在逃离痛苦时具备的潜力比追求快乐时还要高3倍。

当一件事情有了奖惩，人们就会增加对它的重视程度；重视程度提高，效率自然会相应地提升；奖惩有方，有助于培养孩子的责任意识，从而提高效率。

做事之前，与孩子约定好任务量与完成时间。如果在规定时间内完成，孩子可以得到一个小小的奖励，比如去公园里玩一玩，可以吃一块小蛋糕，等等；如果没有完成，也会有一些小小的惩罚，比如一天不许看动画片，一周不许吃冰淇淋，等等。

一旦孩子的内驱力被点燃，即使没有了外力的驱动，孩子也会养成高效做事的习惯。

方法五：给孩子留一些自由支配的时间。

留给孩子一些可以自由支配的时间，激发孩子的主观能动性，让孩子学会做时间的主人。

家庭教育专家孙云晓曾在其《发现童年的秘密》一书中这样写道："自由支配时间，享有自由发展的空间，还意味着儿童具有了热情地实现自我、用创造性的方法表达自我的机会。剥夺儿童自由支配时间，实际上是在剥夺儿童成长和发展的机会。"

每天给孩子留出一段时间，供其自由支配；将学习时间与玩乐时间分开；在自由时间内也需要遵守规则。

孩子写完作业之后，不要立刻给他安排其他学习任务，留给他一段自由支配的时间。在这段时间里，他可以发呆、看课外书……允许孩子在一些自己感兴趣的事情上释放自己的热情。

方法六：一个时间段内做两件事情。

我们经常被告知不能一心二用，这通常是指我们不能在背诵英语的时候写作文，不能在做数学题的时候看课外书，即我们不能同时做两件同样需要高度集中注意力的事，所以并不是说任何时间我们都不能一心二心。比如，在早晨洗漱的时候，可以顺便听音频课程（古诗词或英语）；晚上睡前泡脚的时候，可以顺便看看书……

因为在上边的例子中，只有一件事情需要高度集中注意力，另一件事情基本不需要思考，在这种情况下，我们就可以在同一时间做两件事情了。

孩子可以根据自己的生活习惯，将每天要做的事情进行组合搭配，从而提高时间的利用率。

优秀的时间管理能力是孩子的软实力。

在我与学生打交道的这些年中，我发现，很多孩子因为没有养成良好的学习习惯，尤其是不会合理地利用和管理自己的时间，虽然付出了很多努力，却收效甚微。

我们作为父母，如果能够培养孩子良好的行为习惯，就完成了家庭教育最关键也是最重要的一环。

> **教育箴言**：播下一个行动，收获一种习惯；播下一种习惯，收获一种性格；播下一种性格，收获一种命运。

第四节 "黄金五步赞美法":在鼓励中巩固好习惯

当孩子初步具备自我管理意识之后,我们还有一个任务,就是让孩子能够有动力、有效率,并持之以恒地朝着目标前进。毕竟,只有被充分利用起来的时间,才是最有价值和意义的。

然而,这正是我们在培养孩子自驱力的过程中最难做到的一点。给孩子做任务的动力,让他在完成任务后获得价值感,下次还想做得更好,才能形成良性循环。为此,我再向大家分享一个非常好用,而且能提升孩子的做事效率,使孩子持之以恒的方法——"黄金五步赞美法"。

第一步:赞美要言之有物。

随着育儿理念的普及,很多父母都知道鼓励的重要性。我们在生活中常听到这些赞美:"你真棒""你真能干""你是世界上最漂亮的"……

年纪比较小的孩子在听到这些夸奖之后往往会很高兴,但等孩子稍微大一点,对现实有了一定的了解之后,他们就不会再把这些话当真。因为获得的赞美没有根基，缺少支撑，不够具体。这些无效的赞美不仅不会起到预期的激励效果，还容易适得其反——要么让孩子感到父母很敷衍，要么让孩子在生活中盲目自信。

只有真正有效的鼓励和赞美，才能更好助力孩子的成长，让孩子更自信。那么，有效的赞美究竟应该怎样表达呢？

言之有物，是一种有效的赞美方式。

孩子用半小时认真画了一幅画，拿过来给你看。

你说："哇，这幅画画得真不错，你真是个绘画小天才！"

如果只说这样一句话，显然不够，可以观察一下画的细节，再说：

"我看你专注地画了半个小时，都不敢打扰你呢。这幅画不仅颜色搭配得不错，而且画得很生动。你看这只小鸟，画得多好啊！尤其是小鸟的翅膀，勾勒得特别生动，小鸟就像马上要飞起来。你能在这么短的时间里，画出这么丰富的内容，还有亮点，真好！"

言之有物的赞美应从细节入手，讲求实事求是。

把握细节的关键意义在于给孩子的有效行为赋予价值，从而激发孩子的成就感，行为因此有了延续下去的动力，最终形成习惯。同时，对细节的肯定让孩子在心里形成参照坐标系。通过对比评估，孩子的行为可以朝着好的方向改善、发展。

第二步：表达感受、评价和期望。

"这让我感觉很好，很开心，很享受！"

当孩子做得好时，我们要学会及时表达自己的感受，给孩子积极的反馈。

这一步非常重要。及时反馈可以让孩子了解他人的感受和评价，反思自己的行为对他人造成的影响——况且这种反馈来自父母，是他生命中最重要、最信任的人——这有助于孩子产生共情与同理心，学会如何正确地评价人、事、物，从而树立正确的价值观。

生活中，我们经常会夸一些孩子有主见，正是因为他们有自己的想法和观点，而不是一味顺从，随波逐流。这样的孩子在做事情的时候也会更有自驱力，与别人相处时更容易受欢迎，因此也更容易收获平静、幸福的人生。

另外，父母在表达自己的感受和评价后，还可以继续表达自己的期望，希望孩子可以做得更好，促进孩子成长。如果孩子还有进步的空间，父母可以提出建议，鼓励孩子继续提高。

第三步：询问孩子是如何做到的。

当孩子获得进步或表现优秀时，我们可以这样询问："能给我讲讲你是怎么做到的吗？""有什么好的经验，和我们分享一下吧！"

快乐有人分享，就会加倍；痛苦有人分担，就会减半。孩子在取得进步之后，也会有表达的欲望。既然如此，为什么不让他痛快地表达呢？即使他得出的经验不是那么准确，但只要孩子想说，一定要多让孩子说。

除此之外，鼓励孩子分享的好处还有很多：

第一个好处，学会情绪管理。从心理学角度来说，情绪是客观存在的，没有好坏之分。管理情绪的第一步，就是准确识别自己的情绪，比如开心、失望、生气、懊悔等。孩子识别出来的情绪越多，控制情绪的能力也越强。孩子表达的过程，就是识别和释放情绪的过程，也是进行情绪管理的过程。情绪好了，做事自然更精力充沛。

第二个好处，锻炼口才，增强孩子的表达能力。

第三个好处，锻炼逻辑思维能力。如果孩子能把一件事情用条理分明的语言讲清楚，就是逻辑思维能力强的体现。

第四个好处，提升孩子的自信心。如果孩子在成长过程中获得足够的认可，就能收获自信、自爱和自尊。鼓励孩子勇敢表达，并给予充分肯定，可以提升孩子的自我价值感，自然越说越自信，越表达越快乐。

第五个好处，复盘的过程可以加深孩子对时间、事件和流程的认识。语言是思维的外壳，是思维的表现形式，把自己的思考表达出来，可以让孩子学会总结经验，以便再次取得成功。

第四步：让孩子学会感恩。

赞美孩子，可以增强孩子的自信心，提高他们的自尊水平。

在赞美孩子的过程中，家长也要注意引导孩子，让他们知道，他们所取得的成绩也离不开他人的帮助和努力。

"在这个过程中，你有要感谢的人吗？"

在完成前三步后，家长可以这样问孩子，以激发他们的感恩之心。

一个懂得感恩的孩子通常更加珍惜生活中的一切，这种感激之情会激发他们的责任感，从而使他们能够自我驱动，积极地面对学习和生活中的挑战。

第五步：让孩子感谢自己。

"是的，孩子，这些人都需要感谢，但是你最应该感谢的人，是你自己。这是你自己用心、专注地做事且持续努力的结果！"

关注别人，也不要忘了自己。教会孩子如何感谢自己，可以让孩子获得价值感，成为一个自信、阳光，能从自驱力中体会到成就感与乐趣的人！

以上就是"黄金五步赞美法"的全部内容。在实际应用中，有时你可能只需要用两三步，有时你可能需要全部使用。它不是一成不变的，需要我们结合实际情况灵活运用。

著名心理学家 M. 斯科特·派克在《少有人走的路》中有过一句经典论述："真正的爱，包括适当的拒绝、及时的赞美、得体的批评、恰当的争论、必要的鼓励、温柔的安慰、有效的敦促。"
教育的艺术不在于知识的传授,而在于极致的激励与鼓舞。

做智慧的父母,不是一道简单的计算题,而是一道应用题。我多年的实践证明,"黄金五步赞美法"在提升自我价值感、培养主观能动性、提高效率、形成自驱力等方面极具实用性,既适用于某个具体的任务管理,也可用于综合素质的培养。希望各位父母大胆使用。我期待着:当大家来参加我的读者见面会的时候,能把使用这个方法的神奇效果分享给我。

第五节 仪式感的魔力：自我暗示和制定目标

在《小王子》里，狐狸认为，仪式感就是使某一天不同于其他日子，使某一时刻不同于其他时刻。

生活需要仪式感，仪式感能唤起我们内心对自我的尊重，让我们更好、更认真地过好属于我们的每一天。

在我们的生活中，仪式感无处不在。一个拥有仪式感的人，往往让人觉得是热爱生活、追求生活品质的。可是，对于孩子而言，仪式感与自我管理有什么关系呢？

其实，仪式感有一个重要的功能，就是可以帮助我们为时间做"标记"，提升工作效率。它就相当于向大脑发射的信号，当我们在做某件具有仪式感的事时，大脑就会产生自我暗示："我马上就要做某事了！"然后快速让自己进入状态。

比如，我们每天早上都要洗脸，这个动作就是一个信号，告诉大脑："我已经醒了，我要开始工作了！"如果这一天没有洗脸，可能一整天都会昏昏欲睡，无法进入工作状态。很多运动员在比赛之前，都喜欢做某种习惯性动作，这也是一种仪式，目的是给大脑提个醒，让自己拿出最好的状态。

对于孩子而言，建立生活的仪式感，并不是鼓励他去追求形式，而是让他通过仪式感，帮助自己建立生活秩序，更加有效率地管理和利用时间。

那么，如何利用仪式感的力量，让孩子更专注、高效地解决问题呢？

首先，利用仪式感给孩子带来强烈的自我暗示。

有一次，我带孩子们一起出门旅游。游玩了几天回来后，儿子就添了一个毛病，就是作息颠倒。为了解决孩子不按时睡觉的问题，我坚持每晚在他上床之后，跟他一起读绘本故事，直到他睡着。

因为有了父母的陪伴，孩子会觉得安心，有时候读着读着他就睡着了。

这样坚持一段时间后，每晚听睡前故事已经成了一种仪式。即使有时他还不想睡，但听完故事之后，不用大人提醒，大脑也会产生一种强烈的自我暗示："我该睡觉了。"利用这种方式，他终于恢复了正常的作息。

从自我管理的角度来说，有些孩子无法进入学习状态，做事效率低，一个很重要的原因就是没有将游戏时间与学习时间进行明显的区分。学习的时候想着玩，玩的时候又想着学习，结果什么都没有做好。

如果想提升孩子的专注力，提升学习效果，就要将这两种状态人为地进行划分，就像在两种状态之间筑起一道大门，而仪式

127

就是开启这道大门的钥匙。

其次，利用仪式感，让孩子拥有清晰的目标。

我们在跑步的时候，总要盯着终点，才能全心投入。如果你想让孩子专注于某事，可以在与孩子充分沟通的基础上，制定一些只要努力就能实现的小目标，再制定好具体的实现的方法，如每天应该完成多少任务，什么时间完成，等等。

制定好目标之后，我们可以给孩子准备一个小蛋糕，上面插上一根蜡烛，这根蜡烛就代表孩子即将实现的目标。晚上，全家人可以围坐在一起，让孩子把目标复述一遍，然后吹灭蜡烛，代表任务正式开始。

就像新店开张之际，总会安排一个剪彩仪式一样。这个仪式不仅能让孩子拥有目标，还可以赋予他们一种使命感，让他们摆脱过去的懒散状态，进入一种新的状态之中。当然，大家也可以开动脑筋，想出更多能够表现仪式感的活动。

对于孩子而言，他可以选择在做作业之前，给自己唱一首歌来加油打气，也可以做做眼保健操，还可以换上一件专门在写作业时穿的衣服……不管采取哪种方式，目的只有一个，就是通过仪式，让自己分散的注意力集中起来，从而提高学习效率。

如果你也曾是不重视仪式感的一员，不妨从现在开始改变吧。在培养孩子的自驱力的同时，也为孩子的成长之路增添一份独特的回忆。哪怕只是一个拥抱、一束鲜花，也会因为你赋予它的特殊含义，而变成孩子生命中最幸福的时刻。

第五章

时间管理工具：
助孩子驯服"时间小怪兽"

第一节 "整理四分法"：有序的环境是时间管理的基础

古语云："一屋不扫，何以扫天下？"在培养孩子的时间管理能力之前，一定要先培养孩子的整理能力。

可能有人会觉得，整理能力与时间管理无关，但事实却恰恰相反，这两者之间其实是共通的——将凌乱的东西从无序变得有序，这本身就是一种秩序感的建立。

如果你注意观察一下，就会发现：很多不具备整理能力的孩子，在学习中也经常会出现丢三落四、粗心等不良习惯；而那些有秩序感的孩子，不管是整理物品还是安排时间，都能做到井井有条，心中有数。

孩子拖延写作业的借口数不胜数，"找不到东西"绝对是最让父母恼火的借口之一。

明明早就坐在桌子前准备写作业，结果一会儿找不到铅笔，一会儿找不到橡皮，一会儿又喊："妈妈，我的削笔刀找不到了！"东找西找间，时间就过去了一大半。

在整理物品的过程中,孩子也在学着建立秩序感。只有拥有了秩序感,孩子才能安排好自己的时间,才会拥有良好的自我管理能力。

那么,如何才能让孩子学会整理呢?这是不是太有难度了?

很多人觉得,孩子只会乱扔东西,只有大人才会追求整洁。其实,这是我们生活中一种常见的误解。实际上,孩子是天生的秩序敏感者。《蒙台梭利儿童敏感期手册》一书中写道:儿童的秩序敏感性使他们在看到某些东西处于无序状态时就像受到了某种刺激,收到了行动的指令。但这种敏感性所具有的意义却不仅如此,秩序感是一种心灵的需要,当它得到满足时,还会为儿童带来快乐。

一般来说,儿童的秩序敏感期可以分为三个阶段:

年龄	时期	表现
1—3岁	执拗敏感期	① 物品要摆放在固定位置,做事要按照固定顺序进行。 ② 当秩序被破坏时会立刻哭闹,直至秩序恢复。 ③ 为了维护秩序,经常说"不"。
3—4岁	完美敏感期	① 自己遵守规则的同时要求别人也遵守规则。 ② 爱较真,过度追求完美。 ③ 做任何事情,一定要达到自己所设定的要求。
5岁以后	审美敏感期	① 开始有审美标准。 ② 变得十分挑剔和敏感。 ③ 自我意识得到发展,希望能独立做决定。

一个生命的成长需要秩序,只有当孩子感受到身边的世界是有秩序的、有条理的,他才会产生安全感;相反,如果孩子成长的环境杂乱不堪,会直接影响其内在思维的条理性,破坏其自律性的发展。

这一阶段的孩子,特别愿意遵守与大人的约定。因此,我们不妨利用这一特点,借机培养孩子的一些好习惯,比如,教孩子整理自己的玩具,告诉他哪个玩具应该放在哪里,再逐渐加大任务的难度,使孩子建立良好的秩序意识。

在建立秩序的过程中,我们还可以利用"四分法",教孩子快速学会整理自己的玩具。所谓"四分法",就是根据孩子是否喜欢和父母是否喜欢划分象限,再按照优先级处理玩具。具体步骤如下:

第一步:父母对所有的玩具进行筛选,分成两类,即希望孩子继续玩的玩具和不希望孩子玩的玩具。

第二步:从父母选出的两类里,再由孩子进行筛选,也分成两类——孩子喜欢的和孩子不喜欢的。

第三步:等孩子分好之后,就形成了四个象限:

	孩子喜欢	
父母不喜欢	优先级二	优先级一
	优先级三	优先级二
	孩子不喜欢	父母喜欢

根据上图，我们可以按照优先级，对玩具进行处理。

处在优先级一的，是孩子与父母都喜欢的玩具，可以放在玩具柜里最好拿的位置。

处在优先级二的玩具，可以先从"父母喜欢，孩子不喜欢"的玩具中选择一个，再从"孩子喜欢，父母不喜欢"的玩具中选择一个。这样轮流，最后将这些玩具摆放在合适的位置。

处在优先级三的玩具，也就是孩子与父母都不喜欢的，可以先收起来，或者旧物回收。

通过这样的筛选和收纳，父母在有所把控的同时，可以让孩子有参与感。

最后，我还要多说一点：那些已经错过了秩序敏感期的孩子，后期还能够补救吗？

不用担心，虽然给年纪比较大的孩子立规矩，需要更多的时间与耐心，但是，此时孩子已经有了一定的思维与交流能力，跟他沟通起来也会更加顺畅，需要父母加强与孩子的交流与沟通。从一件件小事开始，帮助孩子培养良好的生活习惯，相信随着孩子逐渐懂事，他也会明白父母的良苦用心。

第二节 制作专属时钟：培养守时美德

法国思想家伏尔泰曾出过一个意味深长的谜语：世界上哪样东西是最长的又是最短的，是最快的又是最慢的，是最能分割的又是最广大的，是最不受重视又是最值得惋惜的？没有它，什么事情都做不成。它使一切的东西归于消灭，使一切伟大的东西生命不绝。

想必聪明的你已经在心中有了答案，那就是"时间"。

守时，简单来说，就是遵守约定的时间。

守时不仅是一个人有素质的体现，也是人际交往中的一项重要准则。守时不仅可以成为我们的加分项，也是让孩子健康成长的一个重要因素——毕竟只有充实度过的时间才是有价值的，回味起来也是最幸福的。

对于孩子而言，养成守时的习惯有什么好处呢？

第一，可以让孩子珍惜时间、重视时间，让孩子具备管理时间的能力。

上天给我们的最公平的礼物就是时间。由于每个人对时间的认知不一样，管理能力不一样，最后收获的人生也截然不同。如果一个人具备了管理时间的能力，他就具备了合理地运用他人生最大财富的能力。

第二，守时是遵守纪律的表现。

守时的孩子既对自己负责，也对他人负责，这本身就是对他人、对集体的一种尊重。同样，他们也会因此赢得别人对自己的尊重和信任。

作为父母，我们有责任培养孩子的守时意识，具体做法可以参考以下几点：

方法一：制作专属时钟，从认识时间开始。

学会认识时钟，这是培养孩子守时的第一步。

当孩子长到五六岁时，他的思维方式会慢慢由具象转向抽象，父母应该抓住时机，让孩子认识时钟。

对于年纪比较小的孩子而言，时钟是一种最直观的工具，可以帮助他们感受到时间的存在。

为了让孩子更好地理解时间与生活的联系，我们可以将时间与生活中的事件对应起来，让孩子感受到时间的存在。比如，我们可以根据作息习惯经常提醒孩子："当这根短针指向 8 的时候，你就该上学去了""当时针指向 9 的时候，你就要去睡觉了"，等等。

除此以外，我们还可以通过在日常活动中给孩子计时，帮助他们感受时间的长短。通过对比，让他们理解在不同状态下对时间的感知不同，比如：等待吃饭前的 10 分钟非常漫长，但玩游戏的 10 分钟却过得很快。

> **实操游戏：制作自己的专属时钟**
>
> 教孩子认识时钟，可以先从帮助孩子制作自己的专属时钟开始，比如在纸上画时钟，用纸板自制时钟，等等，引起孩子的学习兴趣。
>
> 等时钟做好以后，父母可以指着时钟告诉孩子："在时钟上，最长的针是秒针，短一点的是分针，最短的是时针……"
>
> 让孩子亲自动手制作时钟，一方面，能激起孩子对时间的兴趣；另一方面，也会让孩子更加清晰地看到时钟上的数字在哪里，以及它们的顺序是怎样的，从而加深孩子对时钟的转动方向、时间刻度，以及其转动规律的理解。

方法二：打败"不守时"，时间管理有良方。

著名心理学家埃里克森认为，如果孩子在幼儿阶段得到自我管理的机会和支持，他们就会发展出自主性，从而拥有独立的行为能力和意志力。

等孩子会看时间之后，父母就应该在生活中教孩子如何利用钟表把自己的生活安排得更有条理，以及如何分配时间才更合理。

尤其对于学龄前的孩子而言，由于他们还不具备自主支配时间的能力，父母可以在潜移默化中，让孩子清楚自己一天的安排，对自己要做的事情有一个大致的了解。比如，在跟孩子交流的时候，父母可以多用"现在是做某事的时间了"这一句式——"现在是吃早饭的时间了""现在是该上幼儿园的时间了""现在是讲睡前故事的时间了"……通过这种方法，培养孩子合理分配时间的意识和能力。

实操练习：

① 每天睡觉前，跟孩子一起设好第二天的闹钟，保证孩子按时起床。

② 上学的日子，可以将起床的时间提前10分钟，保证按时到校。

③ 放学后应按时回家，途中不随意停留，让父母放心。

④ 与朋友外出活动时，应提前告知父母回家的时间，并在约定的时间内赶回。

不要小看这些细节。很多时候，一个人对待时间的态度，往往能充分体现一个人的性格。把这些细微的事做好，就是孩子身上的闪光点，成为孩子走好人生之路、在事业上有所建树的基础。

方法三：做孩子的时间管理好榜样。

俗话说："言传不如身教。"所有的孩子都是看着父母的背影长大的，如果父母都懒散拖拉，说好的事情从不兑现，那么孩子也会下意识地模仿父母的行为习惯。

因此，要想培养孩子守时、守信的品格，父母首先要从自身做起，在培养和教导孩子的时候，更要注意自己的态度和行为。

比如，答应过孩子的事应该尽量做到，说好下午 6 点去接他，就不要 7 点再出现。如果实在无法做到，也应向孩子诚恳地说明原因，表达自己的歉意，给予孩子足够的爱与安全感。在这个过程中，不仅培养了孩子有效管理时间的能力，更重要的是建立了亲密和谐的家庭关系。

最后，为了让孩子养成守时的好习惯，父母不妨与孩子做一个小小的约定，大家互相监督，如果谁没有遵守时间，或者答应的事情没有完成，就会得到一些相应的惩罚，任何人都不能例外。

即使是口头约定，也会让孩子在约束下，规范自己的言行，成长为一个信守承诺、受欢迎的人。

第三节 时间饼、沙漏、时间轴：感受和记录时间

时间是什么？

有人说，时间就是生命；有人说，时间就是金钱；有人说，时间就是知识。

时间虽然看不见、摸不着，却可以对我们的生活产生决定性作用。然而，孩子并不能完全理解时间的概念，以及其背后所代表的生命本质。尤其对于低年龄段的孩子来说，时间是一个很抽象的概念，仅仅是表盘上的数字。

人是通过海马体记忆的，若海马体受伤，就会失去时间感和记忆。海马体对一件事发出"要记忆"指令的次数越多，在事后回忆时，我们就会感觉时间过得越慢。小孩子对各种事物都感到新奇，海马体也频频发出记忆指令，所以小孩子会感觉时间过得很慢。

也就是说，孩子感受到的时间与成年人感受到的时间是不一致的，因为孩子无法领会时间与任务之间的因果关系，即使你跟他们说了很多次"别玩了，没有时间了！"，他们也很难理解为何你会这样着急。

因此，要想让孩子养成良好的时间观念，培养强大的时间管理能力，第一件事就要将时间具象化，从让孩子理解时间的分配开始。

第一步：利用时间饼建立任务清单。

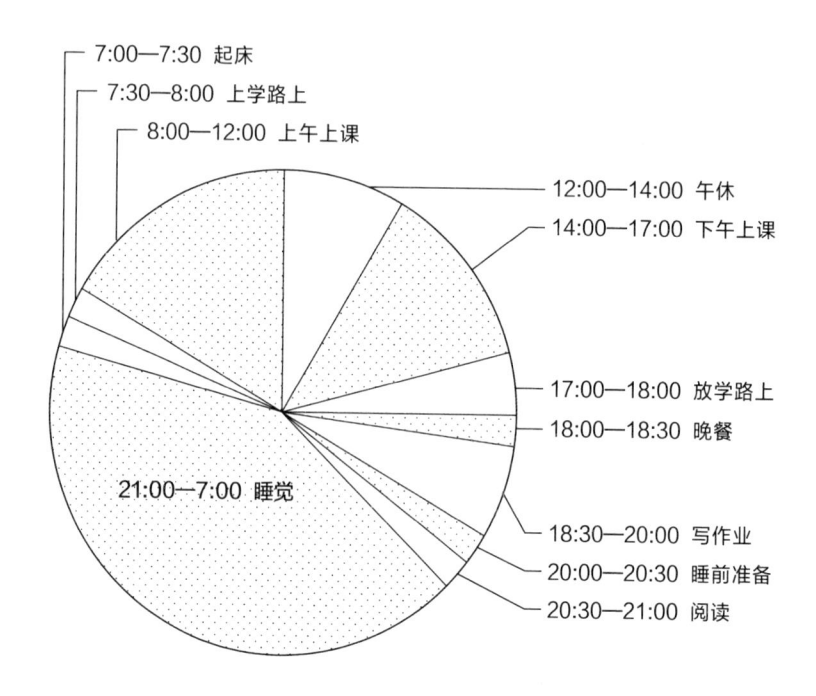

- 7:00—7:30 起床
- 7:30—8:00 上学路上
- 8:00—12:00 上午上课
- 12:00—14:00 午休
- 14:00—17:00 下午上课
- 17:00—18:00 放学路上
- 18:00—18:30 晚餐
- 21:00—7:00 睡觉
- 18:30—20:00 写作业
- 20:00—20:30 睡前准备
- 20:30—21:00 阅读

如上图所示，所谓时间饼，就是将一天的时间用一个圆形展示出来，圆形中划分的每一块，代表这一天需要完成的一项任务。利用这种具象的图形，可以让孩子将每天要做的事情与相对应的时间联系起来，将日常生活变成一张时间清单。

父母可以和孩子一起将一天中的不同活动标上时间刻度，再涂上喜欢的颜色，这样可以让孩子清楚地看到自己喜欢的活动在哪个时间段。如果孩子在某件事情上拖延，或者不清楚自己接下来的安排，父母就可以提醒他去看看时间饼。应及早培养孩子的时间观念，加强孩子的自律意识。

为了增加时间饼的趣味性，在制作过程中，可以利用不同颜色区分各个时间段。

时间段	颜色	原因	应用场景
学习时间	蓝色	蓝色是一种冷色、后退色，它能让人情绪平静，缓解紧张，适合用来做"学习色"。	上课、做作业、背单词等学习的时间。
娱乐时间	黄色	黄色象征阳光、光明、希望，能让人感觉热烈与温暖。	看电视、聊天等一切娱乐放松的时间。
兴趣时间	粉色	粉色象征温柔、幸福，能让人放松，是一种有爱的颜色。	学钢琴、练舞、下棋时间等。
无效时间	红色	红色象征力量、热情，是一种膨胀色，容易吸引人的注意力，有一定的视觉刺激性，适合做警戒标志。	在自己发呆、走神时。
休息时间	绿色	绿色象征安宁、稳定，让人的眼睛放松，用来做"休息色"是不错的选择。	午休、吃饭、散步、睡觉时间等。

在制作时间饼的时候，尽量让孩子自己制作时间清单，父母不要轻易插手。如果孩子遗漏了什么事情，可以适当地给予提示。等孩子年龄稍大，还可以在父母的帮助下，将图像化的时间饼转变成文字化的任务清单，帮助孩子在心中建立起一个看不见的"钟"，也就是时间观念。

第二步：利用时间沙漏理解时间长度。

明明告诉孩子10分钟后出门，但时间到了他却死活不离开；明明说好只能看半小时电视，他也答应得好好的，却没有一次做到……

可能每个妈妈都曾遇到这样的时刻，并把错误的原因归结为孩子拖延、贪玩、不听话。然而，事实真的如此吗？

心理学家曾将6—14岁的儿童分组进行时长估计实验，结果显示：6—7岁的儿童对短时间的估计不够准确，多变且不稳定；8—14岁的孩子对短时间的估计比较准确，时间观念已渐趋稳定。

有时候，不是孩子不听话，而是他们对时间长度的认识非常模糊。

为了让孩子更加形象地感知时间的长度，我们可以利用时间沙漏，用不同颜色的沙漏，让孩子感受不一样的时间长度。比如：20分钟的沙漏是蓝色，30分钟的沙漏是白色，45分钟的沙漏是橘色，等等。当孩子在做某项活动之前，你可以让孩子根据时间，选择一个相对应的时间沙漏，时间到了就喊停。

如果孩子已经学会看时钟，可以用闹钟取代沙漏，时钟指针的变化，能在视觉上让时间更具体。久而久之，孩子就会对时间的长度以及自己的做事速度有一个比较直观的概念，为以后的时间管理打下基础。

第三步：利用时间轴让孩子自己管理时间。

此外，我们还可以教孩子画出一天的时间轴，具体方法如下：

① 在白纸上画出一条直线，在线上标出 24 个等距的点，代表一天的 24 个小时；

② 在 12 点的位置，画一条垂直的虚线，在上面画出太阳；在 24 点的位置，画一条垂直的虚线，在上面画出月亮；

③ 让孩子在便签上写出每天要做的事情，再把便签贴在时间轴图对应的时间点下方。

特别提醒：我们要培养的是孩子对时间的理解和敬畏，而不是对父母的敬畏。父母在引导孩子认识和管理时间时，一定要管住自己的手和嘴。在约定好的时间内，将时间的管理权交给孩子，即使他没有做到位，也要拿出足够的耐心，让孩子自己面对后果。

第四节 事项分类管理，赶走"时间小偷"

小孩子没有时间概念，每次出门前都要拖拖拉拉，写作业时也要先玩再写，对事情的轻重缓急和先后顺序没有概念，到底要不要管呢？

对此，有些父母觉得，孩子还小，等他长大自然就好了。然而，无论是培养时间观念，还是掌握学习方法，这些训练都应该是前置式的。如果父母没有在孩子学前或者入学初期帮助孩子培养正确的时间观念，即使孩子长大了，他也很难形成真正的自驱力。

事实上，在我遇到的很多案例中，孩子之所以会在学业中遇到问题，很少是因为"笨"，大多数是因为时间观念缺乏、自控力薄弱等问题，而这些能力的具备，都需要父母有意识地逐步训练。

其中，如何让孩子区分事情的轻重缓急，是非常关键的一步。针对不同年龄段的孩子，对事情的分类管理要有分龄引导策略。

第一阶段：了解、区分事情的重要性。

① 想要与需要

② 重要与紧急

对于学龄前的孩子来说，这两组概念实在太过模糊，很难分辨出其中的不同。这就需要父母帮助孩子了解这些词语之间的区别，让以后的沟通更加顺畅。

比如，关于需要与想要的概念，区别如下：

概念	含义	应用
想要	"想要"是喜好，是可以被替代和选择的，代表重要但不紧急的事情，等等也没关系。	"我想要去逛街。" "我想要一件漂亮裙子。"
需要	"需要"是需求，它比"想要"更紧急。	"我需要吃饭。" "我需要喝水。"

在日常生活中，我们可以多多练习这两组词的使用，帮助孩子了解其中的差别。另外，也可以通过游戏，选择一些生活中的常见事物，让孩子判断哪些是他"想要"的，哪些是他"需要"的，哪些是他"既需要又想要"的，哪些是他"既不想要也不需要"的。由此引发孩子对时间概念的思考，建立起轻重缓急的逻辑思维。

第二阶段：引入"时间小偷"概念。

引入"时间小偷"概念，意在让孩子更形象地理解，如果缺乏时间管理，做事被动、拖拉，是会产生负面效果的。

比如，应该一个小时做完的作业，拖到两个小时才完成，结果减少了睡觉的时间，这一个小时就是被"时间小偷"偷走了。这个"时间小偷"可能是他人，也可能是自己，我们需要时刻提防，才能保护时间不被偷走。

在实际操作中，我会通过以下四个步骤，帮助孩子去理解"时间小偷"的概念：

① "时间小偷"在哪里？

如果孩子没有在规定的时间内完成任务，父母可以找机会与孩子一起寻找原因。比如，是因为睡过头、做事速度太慢，还是因为路上堵车？

这一寻找"时间小偷"的过程，也是将导致我们无法完成计划的情况具象化的过程。

② 感知"时间小偷"的存在。

在事情发生后，帮助孩子形象描述"时间小偷"的存在。

当孩子因为吃饭慢、做事拖拉，导致没有时间出去玩时，他们会非常懊恼："为什么我的时间总是不够用？"

这个时候，你可以用一句话告诉孩子："因为你的时间被'时间小偷'偷走了！"同时，你也可以详细描述这个"小偷"的"作案"过程："这个'小偷'会让你边吃饭边玩，收拾东西慢吞吞，还会让你睡懒觉和发呆,然后趁你不注意,就把时间偷走了。"

③ 赶走"时间小偷"。

当孩子意识到"时间小偷"的存在后,我们可以告诉孩子一些方法,比如定好闹钟不睡懒觉、分清任务的轻重缓急、提前制订计划并严格执行等,让孩子认识到时间的宝贵,保护自己的时间不被偷走。

④ 强化并巩固。

学习时间管理是一个长期的过程,很多成年人都无法合理安排自己的时间,对孩子更不能操之过急。

在这个过程中,要让孩子意识到真正和"时间小偷"对战的是自己,从而激发孩子的内驱力,学会优化自己的行为,尝试将事情进行分类和管理,从而学会更好地分配时间。

第三阶段:制定日程清单,提高做事效率。

在生活中,经常会有这种感觉:每天忙忙碌碌,却好像什么事情也没有做。这是因为没有把精力全部用在重要的事情上,而是用一件件琐事把时间都消耗了。

如果你也经常有类似的体验,说明你在小时候缺失了重要的一课,那就是没有学会时间管理,所以做事不分主次和轻重缓急,从而导致效率不高。

如何让孩子完美地安排好事情的先后顺序,把时间掌握在自己手中呢?可以参考以下六个步骤:

① 提前列出任务清单;

② 根据任务的重要性,进行打分;

任 务	重要性分数
1.复习数学,迎接周三上午的测试。	4
2.准备一个月后的游泳比赛。	5
3.明天是好友小墨的生日,购买礼物。	2
4.打电话跟好友小欣聊天。	1

③ 根据任务的紧迫性,进行打分;

任 务	紧迫性分数
1.复习数学,迎接周三上午的测试。	5
2.准备一个月后的游泳比赛。	4
3.明天是好友小墨的生日,购买礼物。	5
4.打电话跟好友小欣聊天。	1

④把任务与打分结果汇总起来，做成表格；

	非常紧迫	紧迫	不太紧迫	不紧迫	可以推迟
非常重要		游泳训练			
重要	复习数学				
不很重要					
不重要	购买礼物				
可有可无					打电话聊天

⑤ 对任务进行排序；

⑥ 根据顺序开始处理事务。

学会时间管理是一个循序渐进的过程。虽然它非常重要，但对孩子来说，我们应该让他们学会成为时间的朋友，而不是让时间成为一种负担。

要让孩子具备时间观念背后的思维模式，让他们意识到时间对自己的影响，对事情的轻重缓急有概念，拥有掌握时间的能力，才是最重要的。

第五节 番茄钟和任务推进表：完成作业有条理

孩子做事慢，行动跟不上别人的节奏，是否一定是时间管理有问题，故意在拖延呢？

这个答案并不是绝对的。有些孩子可能做事比较认真，只要他能完成自己的计划，可以在自己喜欢的事情上保持比较持久的专注力，父母就不要轻易给孩子贴上拖延的标签。

作为父母，我们要尊重孩子的节奏，也要学会根据孩子自身的性格特点，帮助孩子有计划地提高效率，掌握时间管理的方法。如果孩子已经拥有了比较健康的时间观念，只是在时间管理和条理性上还有所欠缺，不妨尝试运用以下两种工具，提升孩子对时间的管理水平。

一、番茄钟法

不同年龄阶段的孩子，能够保持专注的时间也有所不同。如何判断孩子是缺乏专注力，还是故意在拖延呢？

为了更清晰地了解孩子的专注时长，我们可以利用以下专注力计算公式粗略地算出孩子的专注时间：

孩子的专注时间 = 孩子的年龄 × ［3—5］，单位分钟。

比如：一个孩子的年龄是 5 岁，套用这个公式，就是 5 × ［3—5］，结果是 15—25 分钟。也就是说，对于 5 岁的孩子来说，他维持专注的时间是 15—25 分钟。一般来说，学龄前的孩子，能专注的时间为 10—15 分钟；小学阶段的孩子，能够专注的时间为 20—35 分钟；中学阶段的孩子，能够专注的时间相对较长一些，一般超过 40 分钟。

操作指南：

在孩子开始写作业之前，可以跟孩子一起对时间进行规划，切分成他专注状态最好的单位时间。比如，如果孩子是小学生，可以以 20 分钟为单位，将孩子写作业的时间分为若干个 20 分钟的时间段，利用番茄钟计时，保证高效。

番茄钟在计时开始后，会产生"滴答滴答"的声音，这个声音容易让孩子进入专注的状态。20 分钟后，番茄钟会发出响声。响铃过后，可以让孩子休息 10 分钟，放松一下大脑。休息之后再进入下一个 20 分钟。

将复杂的作业分割成一个个小的任务，将繁杂的事情合并为集中解决的事情，利用番茄钟计时，可以保证孩子在每一个 20 分钟内都能够保持最好的专注状态，确保高效。

注意事项：

① 单个番茄钟不可分割。无论进行到第几分钟，一旦中断，番茄钟作废。

② 如果孩子提前完成了任务，可以直接进行下一项任务，不需要休息，在番茄钟响之后再休息。

③ 如果孩子正处于十分专注的状态，番茄钟响起，这时不用特别要求孩子去休息，可以根据情况调整休息时间，保证孩子在写作业时保持最好的状态。

④ 孩子开始使用番茄钟后需要一个适应的过程，也需要良好的学习感受。父母一定要给予孩子积极的认可，多鼓励，不要随意批评指责。

二、任务推进表

任务推进表是配合番茄钟使用的工具，确保孩子高效完成作业。

操作指南：

把每天需要处理的任务进行分类和排序，按照顺序依次将任务名称填在表格中。

估算一下完成每一项任务所需要的时间。比如，完成语文的阅读需要 20 分钟，也就是需要一个番茄钟的时间，那么就可以在该项任务计划用时一栏画上一个番茄。需要几个番茄钟的时间，就画上几个番茄。

按照计划时间扭动番茄钟计时，开始写作业。

完成之后，检查一下自己的实际用时，核算出实际用了几个番茄钟的时间，在表格的实际用时一栏，画上对应的番茄数量。

每日学习任务推进表

日期	任务	预计番茄钟数量	实际番茄钟数量	完成情况	备注（原因分析）

注意事项：

①如果孩子能在当天完成推进表上的任务，可以奖励孩子自由支配剩余时间做自己喜欢的事情。

②如果孩子能够连续一周完成推进表上的任务，可以适当给予物质奖励，比如一顿大餐或一个玩具等。

番茄钟计时需要长期坚持，利用任务推进表，能够让孩子通过计划时间和实际时间的对比了解自己的能力。同时，任务推进表也能够反映一段时间内，孩子时间管理能力的变化，让孩子看到自己的成长，增加自信心。

人的精力是有限的，劳逸结合的学习方法能促进孩子高效地学习，更好地完成任务。

【小手做一做】

让孩子思考自己作为家庭成员的职责有哪些，并选择一项家务制定任务推进表。

第六节 日常惯例表：解决拖拉习惯成自然

为什么有的孩子专注力不够，没有耐心，懒散拖拉？难道是孩子智商有问题吗？

显然不是！是家长忽视了一个事实——孩子没有养成良好的习惯。

良好的时间管理和明确的计划不是对孩子的束缚，而是让他们感到安全与轻松的最佳途径，可以减少他们对未知的恐惧，培养和发展自律的品质。

从心理学角度来说，习惯是烙印在潜意识的自动化反应。一个好习惯千金不换，好习惯可以通过日常惯例表培养。

日常惯例表

记录日期：××年××月××日		
主要事项	起止时间	耗费时长（大致时长即可，无须精确到秒）
从醒来到完成穿衣、洗漱		
吃早餐		
做作业		
吃晚餐		
从睡前准备到关灯睡觉		
户外活动		
每日运动		
其他重要的事项		

父母可以通过填写以上表格，先对孩子的作息情况进行一定的了解，再结合现有情况进行调整和完善。

我们为什么要做惯例表，它的作用是什么呢？

要明确目的，首先就不得不回答何为"惯例"。

从定义上来说，"惯例"通常指习惯的做法、规律的做法、常规的办法、惯常的方法等。孩子的健康成长需要惯例，它能帮助孩子培养良好的习惯，对孩子的身心健康有很大帮助，还能在孩子社交和学习方面起到正向的作用。

尤其当父母与孩子一起制作惯例表时，不仅可以提高他们的归属感和成就感，还能赋予他们一种自主规划生活的自豪感，更容易让孩子学会时间管理、自我管理。

接下来，我们可以通过以下三个步骤、五个要点，了解如何与孩子一起制作日常惯例表：

第一步：邀请孩子加入日常惯例表的制作。这一步是制作惯例表的前提条件。尽量让孩子自己决定惯例表的内容，如果孩子有所遗漏，父母再给出可供选择的参考意见。

第二步：头脑风暴。和孩子一起制作日常惯例表，可以从相对有规律的时间段开始，这样更容易实施和执行。当然，当孩子做到后，父母别忘了给予及时的肯定，让孩子更有成就感。

第三步：筛选与排序。当头脑风暴后，我们可以邀请孩子再回顾一下，看看哪些内容是合理的，哪些内容是不合理的，哪些还有完善的空间。通过对整体内容进行筛选，最后完成制作。

下面，我用一个实际生活中的案例，向大家具体说明该如何与孩子共同制作日常惯例表：

首先，邀请孩子一起，引导他说出起床之后要做的事项。

妈妈问："你觉得早上起床之后要做哪些事呢？"（让孩子进行头脑风暴。）

孩子："早上起床之后要穿衣服、刷牙、洗脸。"（父母可以用文字帮孩子进行记录，当孩子表达的时候，不要打断，也不要评价。）

　　妈妈："还有其他的吗？"（继续启发孩子。）

　　孩子："嗯……还要吃早饭。"（父母继续记录。）

　　妈妈："上学之前还要检查书包里的物品，对不对？"（在确定孩子说完后，可以进行补充，由孩子决定是否加进表中。）

　　孩子："是的，还要检查书包。"（记录下来。）

　　妈妈："那这些事情，你准备先做哪件，后做哪件呢？"（不要提示，完全由孩子自己决定任务的排序。）

　　当事情排好序后，我们需要协助孩子安排各项事情占用的时间。如果某项任务孩子计划用时太久，我们可以这样说："你安排的吃早饭的时间是半个小时，如果这样的话，你必须早起15分钟，否则就会赶不上校车。你需要再调整一下这里的时间安排吗？"

　　当各项事务都安排完毕，这张日常生活惯例表就制作好了。

　　接下来，我们可以让孩子把刚才总结出来的内容，用喜欢的画笔在纸上画出来。为了更直观，用图像或图片展示也是可以的。

　　惯例表的形式设计灵活多样，可以适用于以下情景。

情景一：清晨计划表，从"早"快人一步。

　　俗话说："一年之计在于春，一日之计在于晨。"早晨的时间规划合理，可以让一天的学习和工作都更有效率。如果你想加强孩子的时间观念,可以利用以下几种清晨计划表,让孩子从"早"就快人一步。

① 图示表

时间				
7:00		穿衣服		铺床
7:10		洗漱		上厕所
7:30		吃早饭		扎辫子
7:40		穿外套		穿鞋子
7:45		整理书包		去上学

适用于年纪较小的孩子,将任务清单与时间表相结合,任务清晰、图片生动,看上去一目了然。放在孩子方便看到的地方,可以激发他们的任务感与秩序感。

② 任务打卡表

在图示表的基础上增加了打钩功能。孩子每做完一项任务,可以在纸上打钩,或者贴上一张小贴纸。

如果家里有两个或两个以上孩子，利用这种方式，还能让他们看到对方的进度，起到督促和激励的作用。

```
你准备好去学校了吗？
☐ 👕 穿衣服
☐ 🥛 刷牙
☐ 🍚 吃早餐
☐ 👟 穿鞋子
☐ 📚 整理作业
☐ 🎁 午餐盒
☐ 🎒 整理书包
我准备好去学校了！
```

③ 一周打卡表

如果觉得每天打卡比较麻烦，可以将一天的计划延长到一周，制作方法如下：

一周打卡表

	吃早饭	刷牙	穿衣服	上学	做家务
星期一					
星期二					
星期三					
星期四					
星期五					
星期六					
星期日					

情景二：睡前惯例表，按时睡觉，做"天使宝宝"。

对于很多父母来说，每天睡觉之前都要与孩子"斗智斗勇"，孩子越到晚上越兴奋。想要有一个按时睡觉、不扰人的"天使宝宝"，实在是太难了。如果你想让这个梦想成真，现在就着手给孩子制作一个睡前惯例表吧！

接下来，我将以孩子与父母对话的形式，给大家呈现一下睡前惯例表的制作流程：

妈妈："宝贝儿，咱们一起来制作一个可以帮助我们安排时间的工具（日常惯例表），怎么样？"

孩子："好的，妈妈。"

妈妈："嗯。那妈妈问你，从晚饭过后到睡觉之前，你都需要做什么事情呢？"

孩子："看书、写作业、听故事，还有洗漱。"

妈妈接着问："真棒，你想想有没有漏掉什么呢？"

孩子："我想不出来了。"

这个时候，妈妈可以补充，说："咱们把明天要穿的衣服准备好怎么样？"

孩子："好的。"（由孩子做决定。）

妈妈："那你能不能把刚才这些事情排一个顺序呢？"

孩子："我想一想啊……那我要做的第一件事情是写作业，接着看书，然后就去洗漱，洗漱完以后听故事，最后是在睡觉前把明天要穿的衣服准备好。"

妈妈："真棒！那咱们一起来给这些事情标注时间吧！"

孩子："好的。"

妈妈："你希望妈妈帮你写下来，还是自己画出来呢？"

孩子："我喜欢画画，我要自己画。"

画完之后，妈妈可以把惯例表张贴在房间的显眼处。

妈妈接着问："如果到时候我们忘记了自己的惯例表，我们怎么提醒对方呢？"

孩子："那我们用一个暗号吧，用手指手表这样的手势怎么样？"

妈妈："非常好，这样我们即使不说话，也可以提醒对方。"

进行到这一步，睡前惯例表基本上就已经制作完毕了。

不要总觉得孩子还小，凡事不能自己做主，都要听大人的安排。实际上，当我们真的去信任孩子，不再为孩子包揽一切，而是让孩子自己去体验，完成日常惯例表时，你会发现，原来孩子是非常有主观能动性的，甚至超出我们的想象。

睡前惯例表

时间	内容	备注
21:00—21:15	看15分钟绘本	最多1本
21:15—21:30	洗漱	洗澡优先
21:30—21:35	睡前喝牛奶	1瓶240毫升
21:35—21:40	聊天	闲聊即可
21:40—21:45	关灯，保持安静	谁也不许说话

这样的沟通会让孩子感受到自己是可以合理安排自己的时间的，这会让他们产生一种满足感和成就感。而这种满足感和成就感，也会增加惯例表的有效性。

情景三：寒暑假惯例表，实现"弯道超车"。

人们常说，学习就像赛跑，每天你争我赶。在学校的时候，大家跑的是直道，每天学习同样的内容，差距不是很明显；而寒暑假是弯道，用心的父母会利用这段时间，让孩子实现追赶与超越。

只不过，很少有孩子能理解父母的良苦用心。好不容易放了寒暑假，自然是开启了"放飞"模式，甚至连作业都要拖到开学之前才匆忙完成。如何才能让孩子好好利用假期时光呢？

其实很简单，制作一个科学的寒暑假惯例表，替孩子开启正确的假期模式。

那么，一个寒暑假惯例表应该包含哪些内容呢？

处在小学阶段的孩子，他们注意力集中的时间一般不超过半小时。因此，我们可以将孩子每天的学习时间拆分成多个"半小时"，这样化整为零，保证孩子能够快速进入学习状态，认真高效地完成任务。

寒暑假惯例表

时间段	"必备半小时"	推荐项目
起床后	运动锻炼半小时	跳绳、跑步、俯卧撑等
早餐后	假期作业半小时	写语文、数学、英语作业
午饭后	课外阅读半小时	阅读经典名著、绘本等
下午	查漏补缺半小时	看错题本，梳理知识要点
晚饭后	学习英语半小时	背单词，朗读美文
睡前	兴趣爱好半小时	自由安排即可

第五章 时间管理工具：助孩子驯服"时间小怪兽"

① 运动锻炼半小时。

恰逢假期，孩子没有学业压力，父母也有时间给孩子做些大餐。虽然小学阶段的孩子正是长身体的时候，但也要注意，短期进食过多，容易导致脂肪堆积，引起肥胖；贪睡不起，容易导致生理紊乱。

因此，假期内的体育锻炼一定要提到日程上来，并且要保证一次至少运动半小时。比如，慢跑、跳绳、球类运动、游泳等都是很好的锻炼方式。同时要控制好强度，注意做好运动防护。这样坚持到新学期开始，保证孩子活力满满。

② 假期作业半小时。

老师布置的作业当然是假期的重中之重。

一定要根据假期惯例表提前进行计划，合理安排每日的作业量，按时完成每天的任务，不能拖沓，也不能急于求成、敷衍了事。只有保证学习效果，才不至于到最后一天才"临时抱佛脚"。父母在有条件的情况下应予以监督。

按时完成假期作业，不是完成任务，而是利用寒暑假，及时对知识进行巩固，将作业中的习题与课本中的知识、概念紧密联系，举一反三，才能为下学期做好充足的准备。

③ 课外阅读半小时。

平时在学校的时候，由于学业任务较重，孩子很少有时间阅读课外读物。寒暑假时间充裕，孩子正好有充足的时间进行阅读。

父母从老师给孩子的推荐书单中寻找孩子感兴趣的书，不管是童话还是科普书，只要符合孩子的年龄特点和兴趣爱好就可以。孩子每天坚持阅读至少半小时，一个假期至少可以读完一至两本书，不仅可以增长见识，还能提高写作水平。

④ **查漏补缺半小时。**

要想学习成绩好，决不能像"狗熊掰棒子"，一边学一边丢。因此，为了让孩子在下学期学习新知识时能够无缝衔接，就要利用假期对已经学过的知识进行梳理和巩固。

比如，老师在平常都会让孩子准备一个错题本，这个时候，就可以让孩子针对错题本中的内容进行查漏补缺，每天至少安排半小时。

⑤ **英语学习半小时。**

众所周知，要想学好一门语言，靠的是坚持，词汇和阅读量都需要时间来积累。

每天安排半小时的英语学习，既可以强化记忆词汇，也可以朗读美文以提升语感，或者背诵好的句子，提升口语表达力和书写能力。只要长期坚持，就能取得明显的成效。

⑥ **兴趣爱好半小时。**

孩子有自己的兴趣爱好是值得肯定的。作为父母，不能强迫孩子按照大人的意愿行事，甚至扼杀孩子的爱好、兴趣。

如果孩子喜欢摄影，就带着他一起去郊区采风；如果孩子喜欢画画，就带着他去看看画展；如果孩子爱好烹饪，也可以放手让他在厨房小试身手……

第五章 时间管理工具：助孩子驯服"时间小怪兽"

只要孩子能够合理安排时间，保质保量地完成每日任务，父母也应该给予孩子一些自由的空间，鼓励孩子安排丰富多彩的学习、活动内容，充分利用好互联网资源进行拓展学习。

另外，积极参与社会实践，也是学生成长过程中必不可少的一部分，可以作为每周计划，安排进寒暑假惯例表之中。比如，计划一次公益活动，去博物馆参观，来一次动物园之旅，等等。总之，让孩子走出家门，徜徉在更广阔的世界之中，孩子才能获取更多的成长养分。

制作寒暑假惯例表并不是随便在网上找个模板一抄就万事大吉的。为了减轻孩子的抵触情绪，沟通是执行的前提。

接下来，我继续用对话的形式，给大家呈现一下寒暑假惯例表的沟通流程：

妈妈："终于放暑假了，你的暑期目标是什么？"

孩子："嗯……目标就是完成暑假作业，还有把钢琴练好。"

妈妈："关于这两个目标，你有没有做一个具体计划呢？"

孩子："还没有，这不是刚放暑假吗？我打算先玩几天再说。"

妈妈："除了学习，你还有什么想趁这段时间做的吗？"（关注对方感兴趣的话题。）

孩子："有一个游戏我一直想玩，不知道可不可以？"

妈妈："如果你能完成老师布置的任务，当然可以，不过要注意安排时间。放假之前，老师还对你有什么要求吗？"

孩子："有的，老师说我的写作不行，让我趁假期多阅读一些课外书。"

妈妈："这样看，你要做的事情还有很多呢。咱们要不要一起制订一个暑期计划？"

孩子："好的！"

凡事预则立，不预则废。敦促孩子制订好假期计划并执行，让孩子在假期学习、玩乐两不误，才能实现"弯道超车"，以崭新的面貌迎接新学期。

制作日常惯例表，还有以下五个要点：

① 惯例表不是控制孩子的工具。

在制作惯例表的时候，孩子是主导者，父母只是引导者和记录者。父母一定要在孩子自觉自愿的前提下，发挥孩子的能动性，才能使惯例表发挥作用。

第一次制作惯例表的时候，一定要给孩子安排足够的时间来完成每一项任务，让他们能够在执行的过程当中体会到成就感。这样就能提升孩子的自信心，在执行惯例表的过程中获得一种"我可以，我能行"的感觉。

② 惯例表需要不断更新和修正。

我们在制作完日常惯例表之后，要约定一个试运行的阶段，与孩子一起执行一段时间，比如一天、三天或一周，根据试运行的感受，对计划进行适当的调整。

如果在执行的过程中，父母与孩子适应得特别好，那么就可以这样执行下去；如果在执行过程中出现了一些问题，父母可以再次与孩子商量，寻找解决的办法，并重新调整惯例表。前提依然是让孩子自主决定。

③ 惯例表的内容要根据孩子的年龄和能力来制定。

比如，惯例表中有"穿衣服"这一项，但孩子还没有独立穿衣服的能力，那这项任务对他来说就是不可能完成的。父母可以对这部分任务进行调整，或者提前对他进行训练，让孩子学会穿衣服，才能保证整个惯例表的顺畅进行。

④ 适时鼓励，也要适当表达愤怒。

当孩子主动完成了惯例表上的任务之后，父母给予的适当的鼓励，可以对孩子的行为进行正面强化。比如："你今天主动写作业了，真棒！""你今天提前完成了任务，太厉害了！"或者父母可以用一些肢体动作，如击掌、拥抱、竖大拇指等方式，让孩子更愿意坚持执行。

不过，当孩子越界的时候，我们也要有力量把他拉回来。

比如，我儿子有的时候玩得太投入了，就会拒绝执行惯例表。遇到这种情况，我会尊重他的意愿，通过协商，比如问他"你想再玩 5 分钟还是 10 分钟？"让他二选一。

如果到了约定时间，提醒仍然不起作用，我就会说："请你马上停下来。""我现在很不高兴，因为你到了约定时间还没有停下来。这样影响了我的休息，让我感觉很焦虑，也很生气，你感受到了吗？"这个时候，感受到父母威严感的孩子一般都会及时收敛。

⑤ **安排补救措施。**

如果因为突发事件，没有完成惯例表，比如突然有家庭聚会，孩子没有及时地按照惯例表完成任务，我们也要跟孩子一起讨论解决方案。

我们可以抽出第二天的部分娱乐时间，来进行补救，也可以适当地网开一面。当然，这些解决方案，都需要孩子愿意去执行，这样这些方案才会有效。

此外，日常惯例表的执行效果跟父母的表现有着很大的关系。

制定惯例表只是一种方法，并不是万能的。它的执行效果，受到个人习惯、家庭氛围等的影响。比如，我们给孩子制订了晚上9点睡觉的计划，但9点的时候父母都还在看电视、玩电脑，那孩子肯定是没有办法按照惯例表执行的。

要想孩子很好地执行惯例表，家长自己务必以身作则，先做好自己的事情。在帮助孩子制定惯例表的同时，我建议大家也为自己制定一个惯例表，跟孩子共同进步，共同成长。

第六章

对那些让父母心碎又挠头的问题的解答

第一节 孩子对时间表不感兴趣怎么办?

做好了一切计划,但孩子就是不执行,应该怎么办?

当孩子对时间表不感兴趣时,爸爸妈妈可以进行以下四点尝试。

一、"利诱"引发孩子兴趣。

当孩子表现出不感兴趣时,父母首先要尊重孩子,多跟孩子一起讨论,激发孩子的兴趣是关键。

比如,我们可以说一些引发孩子兴趣的话:"宝贝,妈妈和你一起制定一个可以让你有更多玩的时间的时间表,好吗?妈妈就是这么做的,因此有了很多时间做我自己喜欢的事情。如果你愿意,我想和你分享,这样你就有更多的时间来跟妈妈玩了。"或者说:"我们来制定一个可以让你获得很多礼物的时间表,好吗?"

另外,我们还可以用夸奖的方式鼓励他们,比如:"哇,你这么快就写完作业了啊!按照时间表的安排,你剩下的时间都可以尽情去玩了。""你怎么写得这么快啊,比计划表上的时间提前了半小时呢！"

制定时间表一定要从孩子的兴趣入手。家长可以通过这些话让孩子感觉到，制定一个时间表并不是什么坏事，做起来也没有那么难。不仅如此，还可以让他们有更多的时间做自己喜欢的事情。相反，如果孩子感觉制定时间表只会让自己受到约束，就会产生逆反心理和抵触情绪。

二、留出自主时间。

在制定完时间表后，父母可以检查一下，看看孩子在完成每天的任务之后，有没有足够的自主时间。即使任务量很大，孩子也要有至少半小时的自主时间，否则时间表就是无效的。

如果孩子没有自主时间，就要删掉部分任务。毕竟，孩子不是机器，玩耍与学习同样重要，这样能避免孩子出现厌倦情绪。

三、父母以身作则，带动孩子一起进步。

如果一件事情父母都做不到，又怎么有底气要求孩子做到呢？

如果孩子对时间表不感兴趣，父母可以试试先给自己制定一个时间表，然后跟孩子一起分享时间表带来的好处。

四、肯定孩子的表现，让他分享成功的经历。

关于这一点，父母可以鼓励孩子："太棒了，你是怎么做到的啊？"孩子听后就会自己总结，比如："我今天手一点都没停，写完数学作业就练习拼音,练习完拼音就写描红本,然后就完成了。"

各位父母,如果你们在用时间表时,发现孩子不感兴趣,不妨对照以上几点加以改善。也许你会惊讶地发现,制定时间表这件事,对于孩子、对于你,都不再是件痛苦的事情了。

第二节 孩子不执行时间表怎么办?

即使有无数理论和技巧加持,时间管理也并非易事。很多时候连我们成年人也无法抗拒内心的惰性,更何况是孩子。很多父母反映,孩子刚开始对时间表还有些兴趣,但时间一长,新鲜劲儿过去了,就恢复如常。

如果孩子抗拒执行制定好的时间表,我们可以试着从以下几个步骤着手解决:

第一步,降低期待。

制定完时间表,只是"万里长征"的第一步。

很多家长在跟孩子一起制定完时间表后,总会长舒一口气,认为接下来只要监督执行就好了,殊不知万里长征才迈出第一步,真正的磨炼刚开始。

如果孩子没有按时执行时间表,或者执行了几天就放弃,那是完全正常的。实际上,很少有孩子一开始就能做到尽善尽美,每个孩子在实际执行的时候,都会出现各种状况:一会儿吃点东西，一会儿上厕所，计划外的事情一件接一件，就是不好好按时写作业。

这就需要我们在培养孩子时间观念的时候，提前做好以下心理建设：

①计划执行的时间会比你预计的时间长；
②孩子不会举一反三，同样的错误可能会反复出现；
③你越担心，孩子越做不好。

提前做好心理准备，可以让我们在面对孩子的不配合时更有耐心。当父母的期待降低，孩子的压力也会减少。

第二步，找准原因。

当你做好心理准备之后，接下来就要去寻找原因：孩子为什么拒绝执行时间表呢？

①时间表与孩子的实力不匹配。

每一个时间表在执行之前，都是在纸上谈兵。如果我们对孩子的实际情况估计不足，就会导致孩子在执行过程中遇到困难，产生挫败心理，甚至出现不愿意再继续执行的状况。

②没有与孩子充分沟通。

在制作时间表的时候，由于刚开始孩子没有自己制作时间表的能力，大部分都是由父母代劳的，孩子只是一个执行者。

虽然在制作时间表的时候我们让孩子提意见，但并不是每一个孩子都有发现问题的能力。还有的孩子性格比较内向，即使心里有不满，也不敢说出来，导致在执行的时候心不甘，情不愿。

③任务安排得过于紧密。

对孩子来说，任务并不是安排得越紧密越好，尤其是在训练初期，如果任务安排得太满、太密，很容易让孩子心生反感，从而抗拒时间表。

第三步，适当调整时间表。

找到孩子不愿执行时间表的原因后，针对问题，我们可以做出适当调整。让孩子能够执行、愿意执行，才能实现我们的最终目标。

①由粗线条到细线条。

刚开始给孩子制定时间表的时候，可以先不用精确到几点几分，而是以时间段来划分。比如上午做什么，下午做什么，晚上做什么，减少孩子面对任务的紧迫感，让孩子有一定的自主权。等孩子愿意主动执行时间表后，再进一步细化时间表。

②与孩子充分沟通。

为了避免孩子出现抗拒态度，我们在制定时间表的时候，要充分与孩子进行沟通，将孩子的感受放在第一位。

③及时调整时间表。

如果在执行时间表的过程中，发现某些计划进行不下去，或执行不到位，就需要我们对时间表进行及时的调整。一般来说，我们可以约定一个时间，询问孩子的感受，然后对时间表进行完善,好的继续保持,不好的马上改进。

即使在时间表完善之后,生活中还是会出现突发状况。比如学校突然有活动、临时停电等,需要我们提前准备一些备选方案,适当调整计划。另外,孩子在上学时和节假日时,会有不同的状态和学习任务,需要不同的时间表进行匹配。

对于父母而言,当时间表无法执行下去时,要学会不断反思、不断调整、不断总结,才能跨过焦虑,走向成功。

第三节 孩子执行时间表时，有速度没质量怎么办？

在生活中，很多孩子在对时间表渐渐熟悉，意识到只要自己按时完成表格中的任务，就可以获得好处时，他们会尽可能快地完成任务，因为"做完就可以去玩啦"。

这个时候，孩子已经完成了第一阶段的任务，我们就可以进行下一阶段的训练：从"完成"到"完美"。这就需要父母帮助孩子制定适当的标准，比如：当作业完成的时候，要由父母进行检查，如果没有达到标准，就不算完成任务。

当然，这里的标准要结合孩子的年龄段和特点来制定，并且在执行之前，要与孩子达成共识，不能临时加码。

> **实践方案：**
>
> 目标：培养孩子每天晚饭后打扫卫生的习惯。
>
> 前提：父母要以身作则，热爱生活、热爱劳动，能起到带动和榜样的作用。
>
> **步骤：**
>
> ① 与孩子约定好，每天晚饭后7:00—7:30打扫卫生。
>
> ② 一到这个时间，父母就要行动起来，起带头作用，可以让孩子做扫地、拖地或者将物品摆放整齐等简单工作。只要孩子能够行动起来，父母就要及时给予肯定和鼓励："真是勤快的孩子，整洁干净真好啊，干得真不错！"
>
> ③ 鼓励孩子先养成"干"的习惯，不做苛刻的要求，以让孩子获得价值感和快乐为主。
>
> ④ 几天之后，孩子愿意主动参与了，再以比赛的方式促进孩子干得更好，比如，你可以这样说："一人干一半，我们一起来比一比，好不好？干得好的人有奖励哦！"

关于如何带动孩子，我总结出了一套行之有效的操作方法，供各位父母参考：

第一步：我干你看，做孩子的好榜样。

第二步：我带你一起干。先让孩子愉快参与，再快乐体验，

第六章 对那些让父母心碎又挠头的问题的解答

最后自愿加入。

第三步：你干我看。将做事方法教给孩子以后，强调关键点，给孩子一定空间，但是一定要及时总结、优化，不要让问题过夜。父母的指导优化是一个持续的过程。

第四步：放手不放眼，孩子干我不用看。坚持每周三次，进行沟通总结，强化成果，通过鼓励、奖励的方法，提升孩子的自信心，使孩子不断精进。

第五步：找机会让孩子教别人干。好的经验及时总结分享，及时传递给更多人，可以使孩子获得更多成就感。

当我们在教育孩子时有了更好的理念、更合理的方法后，孩子也会有更多收获。不仅可以让孩子学会了解自己、管理自己，还可以让他们更有力量感、价值感和使命感。

第四节 孩子再怎么努力，都完不成时间表怎么办？

当孩子在执行时间表的时候，如果出现了再怎么努力都完不成的情况，一定要及时喊停。

因为一个不合理的计划表，对于孩子来说，只会让他多一次失败的经历。失败的次数越多，孩子的挫败感与无助感越强，甚至会让他产生自卑心理，觉得自己做什么都不行。喊停之后，我们可以告诉孩子，他之所以没有完成任务，并不是因为他的能力不足，而是因为时间表制定得不合理。

随后，马上结合孩子的能力和意愿进行调整，调整到孩子很容易就能做到的水平，再逐步增加难度。

我在特训营的时候，曾经带过一个孩子，他叫强强，是一个上四年级的小男孩。第一天开始写营地日记，要求半小时内完成，别的孩子都在认真完成，只有他表现得非常苦恼，直到别人都写完了，他还在咬着笔杆愣神儿。

我过去了解原因，他说："老师，我真的不会写，不知道怎么写,也不想写。"

我问:"那你以前写过吗?以前有没有因为作文写得好,被老师和家长表扬的时候呢?"

他长叹一口气,做了个夸张的动作后,说:"没有!我从来都不会写作文。"

我问:"那你喜欢什么?"

他说:"我喜欢玩游戏。"

我说:"我也喜欢玩游戏。等你写完营地日记后,我可以带你玩一个你没有玩过的游戏,不过有点难,你想挑战一下吗?"

孩子兴奋地回答:"真的吗?我想玩,我愿意挑战。"

我点点头:"那好,写完营地日记就去玩。"

孩子把嘴一撇,兴奋劲儿又没了:"你们都是骗子,我妈也是这么骗我的。我不写了,也不玩了。"

我继续引导,说:"我不会骗人。如果我教你一个方法,让你可以在五分钟内把营地日记写完,然后你去帮老师准备做游戏用的物品,你愿意吗?"

孩子考虑了一下,态度有所缓和:"那还行。怎么写啊?"

我说:"很简单,你就写今天午饭几点吃的,吃了什么就行。我想你三分钟内就能完成。"

因为任务很简单,孩子很快完成了,我也给予了充分的肯定。随后,他愉快地参加了团体游戏。

第二天,我让他写同样的日记内容,只是增加了"和谁一起吃的""吃的感觉如何"等内容。孩子五分钟就愉快地完成了。

第三天，还是同样的日记内容，我让他想一想"吃饭时，有什么印象深刻的事情"，然后写在日记里。

第四天，我让他在写日记时，添加上对印象深刻的事的看法。

……

到了第七天，孩子的营地日记已经增加到200多个字，并能够清楚地呈现写作的几个要素——时间、地点、人物、事件、感受和看法等，成为一篇成熟的作文了。

所以说，教育是一个慢功夫，针对能力差一点的孩子，制定时间表时应遵循以下三个原则：

原则一：不与奖惩挂钩。

许多时候，孩子不是没有主动性，对他们来说，事件本身的吸引力要大于事件完成后的奖励。为了获得奖励或者避免惩罚而去做某事，并不是他们行动的初衷。

因此，孩子不是对时间表没兴趣，而是怎么做都做不好时，你再怎么对奖励加码，他依然无法做到，还会产生深深的挫败感。这时，我们可以将重点放在事件本身的难度上，肯定孩子这段时间所做的努力，让他们体会成功和进步的快乐，对自己的能力产生信心。

原则二：目标可操作性强，易实现，结果可衡量，完成时间明确。

当孩子无法完成目标时，可以辅助孩子，将一个比较笼统的目标拆解成几个可衡量的阶段性小目标。比如，将"暑假要多看书"这个目标替换成"暑假要看两本书"，可以每周看 70 页，每天只需要看 10 页，就可以轻松完成任务。

一个好的目标绝不是空中楼阁，而是孩子通过努力就能实现的。

除此以外，对于年纪比较小的孩子，不要把完成目标的时间设得太长，让孩子感到怎么也完不成。可以试着先设置一些短期的小目标，比如以一天或一周为单位，不要让孩子等得太久。

原则三：目标任务贴合实际。

虽然这是我们多次提到的原则，不过在这里还要再强调一点：当孩子自己制定时间表的时候，要避免他们只把自己喜欢的事情放进计划之中。要帮助他们分清，什么是"我想做的事"，什么是"我必须做的事"，才能制定有效的时间表。

除此以外，为了督促孩子完成自己的每日计划，我们还可以利用一些辅助道具。比如，家长可以帮助孩子准备一个倒计时日历。孩子每坚持一天，就让他自己撕掉一页，直到坚持到最后一天。

或者，还有更简单的方法：做时间轴、打卡表、计时器等，通过这些工具，孩子会对目标的完成有一个更加直观的感受。

自律是自由的起点。如果你想要孩子养成自律的习惯，就要结合孩子的具体情况、特点，遵循规律，切合实际，因材施教。

第五节 孩子执行时间表，但学习效果不好怎么办？

孩子的学习是一个综合性的问题。有些孩子每天都按时间表学习，但并不代表他们的心和脑也是同步的。

孩子的情绪感受如何？如果不好，会影响孩子状态，需要调整好情绪感受，状态才好。

孩子的专注力如何？如果不好，需要通过训练提升专注力。

孩子是否有清晰的目标和动力？没有目标的人就像大海里找不到方向的航船。

每个人一天都只有 24 个小时，再怎么挤都是有限的。如果想要在有限的时间内得到更好的结果，就需要提升效率，这里可操作的空间其实是非常巨大的。

如果想要提升孩子的学习能力，不要先想着增加孩子的学习时间，努力从各个地方"抠"时间，而应该想一想，怎样提高现有的时间利用率。

1. 确保孩子一直在做最重要的事情。

利用好时间的重要的原则,就是不要试图把所有的事情都做好。真正懂得如何利用时间的高手,一定是懂得取舍的人。

就算孩子每天完成好几张排列整齐的计划表,也不代表他的学习成绩一定会提高。学会时间管理,只是提高学习能力的一个方面,不是决定因素;相反,如果孩子的精力被过度分散,反而会让他无法集中精力到最重要的事情上。计划表完成得再漂亮,也是无效的。

举个例子,如果你今天有一大堆要处理的工作,你应该如何开始呢?最有效的办法,就是先从最紧急、最重要的工作开始做起,一项工作干完再做另一项,而不是一会儿做这个,一会儿又去做那个,结果哪个都没有专心,哪个都没有完成。

按照最重要—第二重要—第三重要的顺序,去逐一完成工作,可以保证将精力一直放在最重要的事情上,也确保了时间一直被高效地利用。

对于孩子来说,我们也可以如法炮制。如果孩子晚上要做五门功课,那么可以先将精力留给最困难、最需要提高的科目。

2. 学会放弃超过自己能力范围的事。

上学的时候,老师总会在考试前叮嘱:如果一道题不会做,就不要在这道题上浪费太长的时间。因为时间有限,要先做会做的、易得分的题目,跳过困难的题目,哪怕那道题分值很高,也要学会放弃。

我们前面提到，要学会先做最重要的事情。然而，最重要的不一定是最困难的，要做与自己的能力相匹配的事。如果孩子的能力系数是5，你可以让他去挑战6或7，而不能一上来就让他去挑战10，否则不仅不会给孩子加分，反而还会让他减分，这同样是一种对时间的浪费。

要想保证孩子的学习效率，提高学习成绩，父母在制定学习时间表的时候，就要提前对难度做一个考量，制订与孩子水平相适应的计划，尽量保证让孩子能在规定时间内完成当天的任务。

这样循序渐进，再慢慢提高标准，不仅可以给孩子带来很大的成就感，还能使其更加高效地利用时间，增强其继续执行时间表的信心。

3. 分时段安排学习内容。

我们的情绪每天都会有高峰和低谷，每天的状态也有好有坏，甚至我们的心情还会根据周围情况的变化而出现明显的波动。因此，我们在给孩子制定时间表的时候，也要考虑到孩子在学习时的不同状态，尽量保证学习内容与他们当下的状态相匹配。

比如，早晨是一个人头脑最清醒、精力最充沛的时候，适合给孩子安排一些需要阅读、思考或背诵的东西；到了下午，孩子的精力不太旺盛，容易受周围环境的干扰，可以给孩子安排一些需要动笔演算，或者需要抄写的任务。因为这些任务都需要动笔，可以让孩子集中注意力,即使他们的精力不太充沛,依然可以顺利完成。

4. 劳逸结合效率高。

明明是个特别要强的孩子,妈妈给他制定的每一张时间表,他都会特别努力、勤奋地按时完成。为此,他经常熬夜,然而学习效果却始终不理想,这让妈妈百思不得其解:难道真的是孩子比较笨,学不会吗?

其实,不是孩子学不会,可能是学习方法出了问题,或是在时间管理方面有问题。要想把学习效率提高,一定要劳逸结合,不仅要会学,还要会休息,否则孩子晚上熬夜,白天精神不好,老师讲的要点记不住,晚上学习时间再长也是白用功。长期如此,还会损害身体健康,得不偿失。

综上所述,虽然时间表能帮助孩子提高时间管理能力,但时间表只是一个工具,而不是目的。我们最终的期望,是培养孩子的自我管理能力和自驱力,而不是看他完成了多少张计划表。其中的差异,需要各位父母好好地体悟。

第六节 孩子总忘记时间表怎么办?

孩子总是忘记执行时间表,这是一个正常现象。

他们忘记的原因有很多,大致可归为两种:一是孩子偷懒不想做,忘记只是他们给自己找的借口;二是真的忘了。

尤其是在周末或者寒暑假的时候,孩子在家比较放松,难免会看动画片、玩游戏,或者被一些其他的有趣的事情所吸引,导致忘乎所以。连成人也往往会如此,何况孩子呢?

孩子忘性大,父母应该怎么做?

最简单的办法可以归纳为一句话:言传不如身教,身教不如境教。想要较好地解决这个问题,我建议从三个方面入手。

1. 言传: 少否定、少抱怨、少指责,多理解、多关心、多鼓励。

当孩子不记得的时候,可以善意地提醒他一下,而不是立即质问:"我不是刚跟你说过吗?你怎么又忘了?"

整体策略是:对事不对人,温柔而坚持。

2. 身教: 父母要以身作则,自身做事情时要有规划、有目标、有态度、有原则。

比如，有每天都坚持的习惯：每天练习瑜伽半小时；每天早上，都能雷打不动地早起，持续保持好的状态；晚上坚持阅读打卡练习，就算有特殊的事情耽误了，也及时补上；等等。这种潜移默化的影响，孩子会看在眼里，记在心中，父母在孩子心中就会很有说服力，自然能给孩子带来好的影响。

3. 境教：营造学习成长的环境，做到"三个上墙"。

①"快乐银行"上墙。每天以家庭为单位，坚持记录生活中那些愉悦、美好的事情。

②"家庭计划时间表"上墙。规划每天的作息安排，还有家庭要做的重要事项、活动，家庭成员生日、重要纪念日、节假日的特别安排，亲戚、朋友的某些需要家庭参与的活动，等等。

③"家规"上墙。针对所有家庭成员共同制定的公约、家庭理念、言行准则等。

另外，好记性不如烂笔头。如果孩子实在记不住，可以为他专门准备一块小黑板，把时间表写在上面，放在家里醒目的位置。如果孩子只是偶尔遗漏，父母也不要过分苛责，给孩子一些反省和改进的空间，他可以做得更好。